太极拳的奥秘

余功保 编著

人民体育出版社

前 言
太极拳不神秘

21世纪初，曾组织拍摄出版了一部太极拳系列纪录片《太极拳大揭秘》，受到广泛欢迎。本书即以该片的访谈、解说词文字稿为基础，进行增编、修订而成。

该纪录片中的名家论拳一切从实际出发，不说套话、空话，且语言生动，充满个性。对于同一个问题，不同拳家从各自流派的理法要领出发，分别阐述，给读者提供了一个多角度体会太极拳内核的方便条件，这是它广受欢迎的重要原因。

太极拳过去有"十年不出门"的说法，它是强调练好太极拳要专心下功夫。但太极拳其实并不神秘，也并不艰难，因为它完全符合人体的生命规律，符合人的生命的自然天性。每个人的身心对太极都有一种天然的回归，我们练太极拳，就是找回人体的这种"最佳状态"。

太极拳的一些"神秘"有人为造成的因素。有些是不懂装懂，以讹传讹，有些是故弄玄虚，还有些是不求甚解，浅尝辄止，成效不大，却将原因归结于太极拳的"神秘""艰难"。这样使得一些爱好者学习太极拳有些"畏难"心理，给科学化的太极拳推广带来了影响，不仅给初学者设置了不必要的门槛，也给深研者带来误入歧途的可能。

所谓的"揭秘"，一是去伪存真，分辨真假，还其本原；二是剥茧抽丝，解析真髓，把复杂的问题简单化。太极拳是人人都可以练、人人都容易练、人人也都可以练好的生命修养、锻炼方式。所以有的太极拳名家说"太极拳是科学拳""太极拳是大众拳"。

练好太极拳必须从两方面入手，一为"体"，一为"心"。"体"为多练勤修，实践出真知，这在太极拳中更具有特殊意义。"心"则是练拳要具备的心性修养，其中"三心"尤为重要。一是要有平常心，破除对太极拳的神秘感，把它当作亲切的朋友，互相了解。你了解它，就是逐渐掌握它的规律，它了解你，就是逐渐渗透到你的身体举止、生活规范中，成为你身心健康的重要因素。二是要有耐心，不急不躁，循序渐进，时间既久，功夫自然精进。另外还要有恒心，太极拳练则有，不练则无，要领对头，练一日则长进一日，持之以恒，必然大成。

太极拳虽然不神秘，但有着丰富的内涵，有着自身的特殊规律。太极拳是中国传统文化中最"接地气"的一种形态，有着非常落实的修炼原则与理法规范。了解、掌握这些规律、规范，才能练出成效，否则，空耗时间、精力，甚至产生副作用。我们揭秘的本质，是揭示这些内在规律，为大家明白、深入练好太极拳提供重要参考。

太极拳的解秘，必须以亲身实践为基础，否则就是纸上谈玄，空中楼阁。本书众多讲解名家都是各太极拳流派的优秀人物，长期从事太极拳的研究、教学，理法兼备，功技精深，更可贵的是他们的开明，毫不保守地将自己长期的练习、研究成果和盘托出，一些太极名家还对内容进行了细致的校订。在此也对各位太极名家、专家学者对本书的大力支持表示感谢。

本书可以说是一次太极拳的"圆桌会议"，是一次多角度、立体化的太极智慧火花的碰撞。在成书过程中，尽量保留了原来的生动语言，甚至有一些口语化的特点，能够使读者越过一切修饰性的障碍，直接感悟名家对太极拳的独特认知。对于许多太极拳关键问题深入浅出的剖析，使读者在阅读中有着"捅破窗户纸"的豁然贯通感。只要细心加以领会，相信对于大家学习太极拳会大有帮助，能够少走很多弯路，不仅节约时间成本，更避免了一些身心上的损耗。

本书依照太极拳的结构特性，共分九个方面，以平实的语言，直陈利弊，直击要害，具有"玄机直讲"的特点，加上众多名家亲身示范，对于学习、研究太极拳具有重要价值。

余功保

2014年6月

主编简介

余功保，1964年生，毕业于北京大学。著名太极文化学者，世界上第一本《中国太极拳辞典》作者。出版数十种太极拳研究著作，被翻译成多国文字，畅销海内外，为当今著作翻译成外文最多的中国作者之一。其主编的《中国太极拳大百科》为当代重要太极拳文献巨著，受到广大太极拳研习者高度推崇，《人民日报》、新华社、中央电视台等上百家海内外媒体进行了广泛推介报道。策划、组织了众多具有广泛影响的大型国际文化交流活动，在国内外举行了数十场太极文化学术讲座，多次应邀担任国际太极文化学术活动主持人、主讲人，积极推进太极文化的研究及国际化传播。

目 录

名家、学者简介　　1

太极拳文化的奥秘　　1

　　太极拳是东方人体文化;太极拳的文化属性是什么？文武之道的真谛;太极拳与书画的劲法气韵；拳起于易；太极拳与中国哲学；中国文化思维方式营造太极境界；拳医同道；拳法与兵法；太极拳的生命升华层次

太极拳源流的奥秘　　27

　　太极拳是怎么创立的？太极拳的主要流派有哪些？太极拳流派的形成原因是什么？太极拳技术的衍化历程；武术家个性与拳派风格；各大太极流派的核心特点与练拳原则；关于太极拳历史的学术争论；拳为心画，拳以载道

太极拳内功的奥秘　　57

　　太极拳的内功是什么？太极内功的锻炼原则有哪些？太极拳如何练气？站桩的作用有哪些？无极与太极；内功在"内"也在"外"；"活桩"与内气潜转；道家内功与太极拳；内功与技击；名家内功法要；练习内功有哪些误区？太极拳与中医的一脉相承；太极拳对经络系统的锻炼；太极内功要素；内功的层次

太极拳技击的奥秘　　91

　　太极拳的技击属性；太极拳技击的原则与要领；慢练与快打的关系；太极拳技击的误区；太极拳技击结构；太极拳技击的刚柔之道；"舍己从人"的奥妙；太极劲与攻防一体；"柔、静、空"的技击效能；太极推手的平衡原理；虚实与曲直；拳架与实战

太极拳养生的奥秘　　121

世界第一健康品牌的成因；太极拳养生原理；身心合一的养生文化；养生的"意、气、形"调理；传统养生方法与太极拳；动静养生；松柔养生；"中和"养生之道；太极养生的"度"；太极拳架与养生的关系；技击与养生如何协调？拳架是越低越好么？太极拳养生的误区是什么？练拳如何注意呼吸？

太极拳理法的奥秘　　149

太极拳的"理为一贯"；拳理与拳法；太极理法的文化解构；太极拳行功原则；太极理法的拳势分析；理法与身法；练拳如何"明阴阳"；传统拳论精髓举要

太极拳练意的奥秘　　175

"意"的解析；太极拳练意的作用；练拳如何练意；太极拳练意的误区；练意与技击；练意与劲、形、气的关系；太极拳器械的练意方法；练意拳势解；练意与太极拳的境界

太极拳劲力的奥秘　　197

太极拳的劲力特点；避免"太极操"；太极拳劲力的种类；太极拳劲力的基本结构；太极劲法要诀；太极拳运劲方法；招法与内劲；太极拳劲力基本八法；太极劲的关窍透析

太极拳器械的奥秘　　227

器械与拳架的关系；太极器械的种类与作用；太极剑的核心技术分析；练好太极剑的诀窍；太极刀核心技术分析；练好太极刀的诀窍；太极枪与太极大杆；太极棍

《太极拳大揭秘》讲解名家、学者简介
(以姓氏笔画为序)

马伟焕

杨式太极拳名家。从师于杨振铭。为香港杨式太极拳总会创会会长。香港杨式太极拳的代表性人物之一。

王海洲

赵堡太极拳名家。河南温县赵堡镇人,从师于张鸿道。出版有多部太极拳著作,作为赵堡太极拳的代表性人物应邀参加众多大型太极拳活动。为当代在海内外具有重要影响的太极拳人物。

田秋信

陈式太极拳名家。田秀臣之侄。数十年积极传播太极拳,长期在清华大学、北京大学等高等学校担任太极拳教师。创办北京华诚武术社,担任社长。为北京地区陈式太极拳的重要人物。

冯志强

当代太极拳杰出人物。从师于陈发科、胡耀贞。融会贯通,创传"陈式心意混元太极",拳功圆融通达,独树一帜。

孙婉容

孙式太极拳名家,孙存周之女。北京体育学院教授。继承家学,广泛传拳,为当代孙式太极拳重要人物。

乔松茂

太极拳名家。作为当代具有重要影响的太极拳人物,多次应邀参加国内外重大太极拳活动,担任辅导名家和主讲嘉宾。

刘明甫

吴式太极拳名家。从学于刘焕烈、刘晚苍和刘光斗。著有《太极拳论汇宗》

等著作。

刘建波

吴式太极拳名家。从学多位武术名家，精于太极推手。为北京吴式太极拳研究会副会长。

刘峻骧

著名学者、武术文化研究家，中国艺术研究院研究员。从师于王培生，曾担任北京市吴式太极拳研究会会长。其武术文化研究论文曾获全国武术论文最高奖。

李和生

太极拳名家，医学专家。数十年精研太极拳，从师于王培生、朱怀元等。尤其精研太极拳内功，出版有多部太极内功专著。

李秉慈

吴式太极拳名家。吴式太极拳竞赛套路及众多太极拳推广套路的重要创编者，长期担任北京吴式太极拳研究会会长，是当代在海内外具有重要影响的太极拳代表性人物之一。

李斌

孙式太极拳名家。从师于孙淑容。北京体育大学武术系毕业。获得世界传统武术节比赛金牌。长期致力于孙式太极拳的国际化传播，为国际孙禄堂武学联合会主席、深圳武术协会副主席。

阮纪正

著名太极拳研究家、文化学者，广东省社科院研究员。长期从事太极拳理论与实践研究，转益多师。在太极拳文化研究方面具有突出成果，出版有多部专著。其研究论文多次在全国和国际性太极拳学术大会上获奖并做主题发言。

吴文翰

著名太极拳研究家、武式太极拳名家。文武兼修，在太极拳理论、太极拳史研究方面尤其具有突出贡献。

吴忍堂

赵堡太极拳名家。从师于郑悟清。精通武术、中医、道家内功等。任武当赵堡太极拳西安悟清拳法研究会会长、总教练，为西北地区太极拳重要人物。

张全亮

著名武术家。中央电视台"武林大会"总裁判长。从师于李子鸣、王培生，精通太极、八卦等拳种，为当代内家功夫代表性名家之一。

张耀忠

吴式太极拳名家。从师于王培生。数十年不遗余力地挖掘整理武术文化，于太极内功、太极内劲有深刻研究，出版有多种太极拳功著作。曾任北京军事体育学校副校长、北京市吴式太极拳研究会名誉会长。

杨书太

武式太极拳名家。名门之后，并从师于姚继祖。为河北邢台地区重要太极拳家。致力于继承传统本色的太极功夫，尤精于太极技击。

杨礼儒

杨式太极拳名家。从师于杨振铎。研练太极拳数十年，功夫精纯，为海口市传统杨氏太极拳协会总教练。

杨振铎

杨式太极拳杰出人物。名门之后，再创辉煌，当代杨式太极拳之核心代表，武德、武功均为当今武林楷模。

陈小旺

陈式太极拳杰出人物。河南温县陈家沟人。弟子遍布世界各地，是当代中国文化世界传播的重要人物。获得2013年中央电视台等部门评选的"传播中华文化年度人物"称号。

陈正雷

陈式太极拳杰出人物。河南温县陈家沟人，十大武术名师之一。长期从事太极拳教学，培养了众多优秀人才，在海内外太极拳界具有巨大影响。

邱慧芳

世界太极拳冠军，大学教师。扎实的武术专业功底加上灵慧的悟性，形成了独具一格的太极拳风格。担任中央电视台及地方电视台众多太极拳专题节目主讲，是当代重要的太极拳传播者。

周世勤

著名太极拳家。对吴式太极拳、孙式太极拳、李式太极拳等多种流派太极拳均有精深造诣。从师于王培生、孙剑云等。长期在北京吴式太极拳研究会、孙式太极拳研究会等多个太极拳组织中担任重要职务。

钟振山

武式太极拳名家。河北永年人，从师于姚继祖。多次应邀作为太极名家代表参加国内外重大太极拳活动，担任辅导老师。是河北永年具有代表性的太极人物。

祝大彤

著名太极拳家。从学于杨禹廷、汪永泉、吴图南。结合传统太极拳理法，创传自然太极拳。是太极拳内功的积极倡导者和传播者。

徐忆中

杨式太极拳名家。从师于郑曼青，台湾时中太极拳社社长，台湾太极拳界的重要人物，为郑子太极拳在世界各地的发展做出了重要贡献。

郝宏伟

杨式太极拳名家。从师于郝金祥、傅宗元、赵斌等。倾心于传统太极拳理法研究，拳艺精湛，擅太极大枪，精刀、剑、散手等。被聘为香港杨式太极拳总会名誉会长、台湾郑子太极拳研究会顾问、南开大学太极拳研究中心顾问。

高壮飞

太极拳名家，著名中医学家。数十年致力于太极拳习练、研究，以医入武，以武彰医，在太极拳养生、太极拳内功、太极拳科学习练等方面卓有成就。

梅墨生

著名书画家、太极拳研究家，李经梧弟子。出版有多部太极拳内功学专著，与中国文化多形态融会贯通，卓然一派。

曹彦章

杨式太极拳名家。从师于崔毅士，北京杨式太极拳传播、推广的重要人物之一。曾担任北京杨式太极拳研究会常务副会长兼秘书长、北京武术院华园武术培训中心常务主任兼秘书长。

游玄德

武当功夫名家，当代武当功夫的代表性人物之一。于武当太极拳、道家内功养生等方面具有精深造诣。

路迪民

著名太极拳研究家。从师于赵斌。积极推动太极拳的普及与研究发展。在太极拳历史、太极拳理法和太极拳文化研究方面有着重要成果。

翟维传

武式太极拳名家。河北永年人,从师于姚继祖。拳风浑厚流畅,沉着自然,为太极拳乡的代表性人物之一。

太极拳文化的奥秘

太极拳被誉为21世纪的经典时尚，说它经典，因为它历经千百年的繁衍变化，代代承传，锻造得辉煌灿烂。说它时尚，因为是当今习练人数最多、广为流传、深受欢迎的健身运动项目。

如今太极拳已经成为中国文化的一个重要代表性符号，其中所折射和领悟的关于人的生命、健康发展的奥秘，是中国人智慧、才学、创造力的综合凝聚。在世界的每一个角落都可以看到太极拳的身影。"太极"也是当今在世界上流传度最高的东方文化词汇，其中蕴含的天人和谐、阴阳平衡等思想，在当今社会显示出巨大的价值，散发出无穷魅力。

刘峻骧

我觉得太极拳是中国武术发展的一个最高境界。从根本上来说，中国武术是一个多功能的人体文化。我概括中国武术就是自卫本能的升华，自卫本能和攻防技术的升华产生了武术。但是，东方人特别重视人体，因为中国不管儒、道各家都是讲究人体。我们讲究的是通过自身个体，而求宇宙之智，所以武术作为一种技击形态，它必然还要上升到一个最高的境界。武术技击要打，是以强力攻击，讲究力量、速度的爆发，这是自然的。我们逐渐从中提炼出更加根本的东西，就是中国武术中蕴含的东方的兵学思想、儒家的思想、道家的思想，这些思想与武术技术相结合，体现出以自我生命境界的本质。

文化学者刘峻骧纵论太极拳与东方人体文化

我自己曾经提出了"东方人体文化"这个学说，出版了《东方人体文化研究》的著作。这个学说的提出，与我练太极拳很有关联。通过练太极拳，使我体会到很多东方人体文化重要的概念、观念。我在"东方人体文化"学说中提出了"三论、二说、一图、五理"。

刘峻骧演练太极拳

"三论"就是"天人合一论"，这是理论基础。"知行一体论"，知和行必须一体。"元气自然论"，讲元气，讲自然。

"二说"就是经络学说、阴阳学说。

"一图"就是太极图。

"五理"就是生理、伦理、情理、哲理、心理。

太极拳作为一种活生生的人体运动，其中的文化元素不是枯燥刻板的文字或概念，而是充满活力的、生动的具体形象，因此也更容易为人所理解和接受。

那么，太极拳的文化内涵主要包括哪些方面呢？

余功保

中国太极拳的文化属性主要表现在这么几个方面：

第一，阴阳和谐的思想。它认为世界的万事万物都是由阴阳两个方面组成的，具体表现在太极拳的动作，太极拳处理种种的矛盾关系，都是由阴阳来构成的。阴阳最主要的属性就是和谐。

余功保论太极文化

第二，动静相生的思想。这是文化属性的主要表现。中国哲学认为世界的运动是由动和静两个方面来组成的，动中有静，静中有动，动静结合，只有完整地把握动静的关系，你才能够准确地把握生命运动的本质。所以太极拳的理论和技术中有很多关于动和静的论述，它的练习方法占据着太极拳技术的主体部分。

第三，天人合一整体的思想观念。太极拳把人作为一种生命的个体，放在社会群体，放在大自然当中去考虑，在修炼人本身的各种生命功能的同时，要充分考虑到自然界对自身的影响，人和人之间关系对自身的影响，所以，它所考虑的健康的观念是一个整体性的健康观念,它所考虑的攻防的结构,也是一种整体性的攻防结构。

只有把握了这几个主要的核心点,才能够比较透彻地认识太极拳的文化属性。

太极拳体现了中国文化天人合一的整体观

由于中国太极拳的文化性,使得它与中国传统文化的其他形态具有天然的相通。它们以不同的表现形式诠释中国文化的博大精深,太极拳也因此被许多文人作为修身养性的重要方法。

梅墨生

中国的文化我觉得是文武之道,一张一弛。比如孔子说"文质彬彬,然后君子",那时候的"文质彬彬"的"质",其实就带有着这种武的含义,带有侠士的含义,我认为先秦的中国文化,始终就是在儒士文化的同时,还有一个侠士文化。比如说荆轲,就是当时的纵横家,总还有着一种侠士文化的东西在。当时先秦文化就是这两脉,中国的文化从来都是说文说武,文能安邦,武能定国。

梅墨生谈太极文化

  我从小好文好武,我的好武跟好文几乎是同时的,应该说我好武比好文稍晚了一点。而且我自打好武以后,一直觉得非常受用于我体悟中国文化。

  比如我从事的中国书画艺术,我所从事中国的艺术理论、史论方面的研究,从我理解艺术的角度,理解文化的角度,我从学于武术,特别是从学于太极拳以后,我所受益的东西非常多。所以我在许多大学、在全国各地的艺术讲座里,曾多次提到太极拳学、太极文化,提到中国的武学。我认为真正的武术大师,绝对不是一勇匹夫,一勇匹夫成不了真正的武术大师,真正开宗立派的有许多都是文化修养高深的人。我觉得太极拳的上乘功夫就是应该练到这一种境界。人的心态要阴阳平衡,不刚不柔,不温不火,应该有温良恭俭让、温柔敦厚的这么一种生命的境界。

  我喜欢太极拳,我觉得除了我本身始终对中国传统的武术有迷恋之外,就是我用它来体悟中国的传统文化,这是一个很重要的原因。太极拳以一个中国古典哲学的名词来命名,这在世界上绝无仅有,其他任何的技击,任何的武术,任何的功夫,在这方面似乎都很少。除了中国的内家三大流派拳法,比如说形意有这个意思,八卦有这个意思。剩下其他的拳法就很少这样。中国其他的象形拳法很多,也崇尚"道法自然",但太极拳更加系统运用哲学的概念。它使用太极,用中国哲学一个最高的范畴、最大的一个哲学概念、最终极的一个范畴来命名拳，这也就说明它本身确实有包容天地的主旨，有这么一种性质。

我觉得太极拳本身的内涵是很丰富的，是多层次的。有什么层次的人，就能体会到什么层次，你能够付出多少努力，就能修炼到什么层次。同是一个太极拳，见深见浅，见高见低，真的是因人而异，因修养而异，因功夫而异，因你的师承传授、见识而异。从这一个角度，我拿它来体悟中国文化的时候，我就想，《太极拳论》是非常好的哲学著作，是非常好的美学著作。它用于中国的书法，用于中国的绘画，我觉得它的许多理论都是最高级的。

《太极拳论》里，许多许多的说法，就跟画论、书论甚至是诗论，跟音乐理论等等都是一致的。这一点我觉得是最引人入胜的。我作为一个太极拳的习练者或一个传承者，作为太极拳学的一个爱好者、或者研究者，我觉得这是最抓住我的一个点。这个亮点，就是它绝对不是一个简单的生理运动，不是简单的一个武术技击的功夫，它的背后有非常深的文化内涵，这个文化内涵不仅有宏观性，还很具体，很微观，完全可以用在中国书法的体式的创作之中、运作之中。

于是我就想，比如说懂得太极劲的人，体会了太极功夫的人，你在从事书法创作的时候，你的那种气象，你的那种对于运笔运墨的劲力的体会，对于内劲的表达，肯定跟不体会这个不一样。所以，我的字画当中总有这种因素在。

梅墨生绘画作品

大书画家米南宫说"沉着痛快",我觉得这跟太极拳论的"刚柔并济"是相通的,跟太极拳学所要求的要领是一样的。太极拳要求修炼行功要沉着、轻灵,就是巧妙处理这一对矛盾,使这矛盾的和谐统一体现在书画作品中,也体现在太极拳拳架,特别是太极拳的意神之中,在举手投足之间。

梅墨生太极拳势

那么,在书法里也是,如果我一味地用笔,一味地往下使劲,就不是书法的"笔力"。我多少年前始终说这句话:"如果说只强调物理的力,或者表面的力,那么就算我把这一层薄薄宣纸戳破了,这叫有力吗?那绝对不是,如果是,那扛大个儿的人都是最好的书画家了。"所以,书法里的有力,书画中的线条的有力,绝对不是简单的外在的力,它是一种内在的力。这种内在的力,就是所谓的内涵。

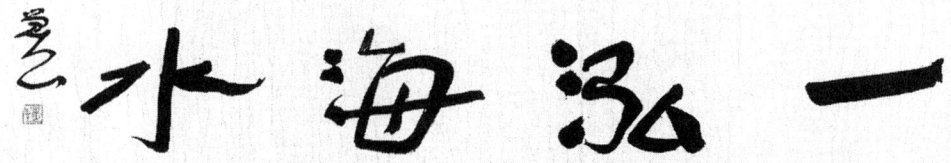

梅墨生书法作品,体现出内在的笔力

所以，中国的功夫不是简单的拳术动作，是因为它就是讲这种劲力。比如说太极拳要求既要往下沉实，又不是铁树生根的沉实，这个与一些外家拳就不同，与一些武术的硬功又不同。

气往下沉时，还要举步如猫行。猫的落足是很轻盈的，甚至是落地无声。既重又轻，既沉实又轻灵，这跟书画的用笔，我觉得非常一致。我曾经说，看中国画的大师黄宾虹在他作品中的用笔，我觉得他就是位太极拳法大师，他是深合阴阳之道的。我经常用这样的眼光来打通书画与拳法，用国画大师或书法大师的笔法、书画，来看太极拳家的行拳走势；用太极拳家的行拳走势反过来来揣摩中国书画的挥毫用笔，我觉得他们之间具有高度的一致性。

黄宾虹绘画作品

中国传统哲学无疑是培养太极拳文化属性的土壤。在太极拳拳理中，我们可以接触到许多的中国哲学概念。在古典《太极拳论》中，我们随处可见中国哲学的词汇。了解了太极拳，就在很大程度上理解了中国传统。

余功保

太极拳的文化性的根源，就是直接受益于、直接发源于、肇始于中国传统文化哲学的思想，这其中有几个主要的典籍，应该是重点加以注意和研究的。一个是《周易》，一个是《黄帝内经》，还有一些兵法上的著作，比如说戚继光的《纪效新书》等等，它都对太极拳的文化内涵的丰富和发展起到了重大的作用。

《易经》是中国文化中最重要的一部典籍，也是太极拳的理法之源。《易经》的出现是在战国以前，相传有《连山》《归葬》和《周易》三种。《周易》为周文王所著。它的核心思想就是阴阳和谐，阴阳互变，这成为太极拳技术和理论的基本出发点。《周易》所演变的共有64卦，每一卦都是由阴阳的不同组合产生，也对应着无穷无尽的变化状态。太极拳大而化之，将阴阳与人体内外因素相结合，在运动中把握平衡与和谐的状态。太极拳中《周易》的许多哲学概念都被赋

太极拳法处处体现阴阳元素

予了具体化的内容。

阴阳是太极拳中最重要的概念，不懂阴阳则不知太极拳，在太极拳中，抽象的阴阳被赋予了具体的内容，不再是枯燥的概念，而成为了有血有肉的肢体符号，所以有人说研习太极拳就是认识中国文化的生动途径。

祝大彤

练太极拳要理解它的文化内涵。

最重要的是什么呢？是阴阳变化。因为王宗岳说得很清楚："太极者，无极而生，动静之机，阴阳之母。"动静就是太极拳。这"阴阳"概念是王宗岳从传统文化中借用过来的，阴阳是《易经》中提出来的，《黄帝内经》等古典著作中都有充分的论述，它把阴阳说成是纲纪，是本使，是生杀，是父母，是神灵之父。

所以，练太极拳最主要的是要明白阴阳的关系。对每个势子都要清楚它的阴阳变化。清楚了每个势子的阴阳要素，才算了解了太极拳的内在，否则，拳架练得再漂亮也没有用。

阴阳自在拳中　祝大彤演示

阮纪正

根据我的理解，任何一种社会活动和社会现象，都是有自己的文化背景和文化内涵的。太极拳用太极哲学来命名，它反映了整个中国哲学发展的一个过程。

如果一直追溯到源头的话，太极者无极而生，大家一直可以追溯到原始的巫术。原始巫术用现在观点来看，的确是非常落后，但它却是人跟动物区别的一个标志，动物是没有巫术的。这种原始巫术在《周易》里面就被理性化了，它理性化为阴和阳的两个符号，标志着整个宇宙生生不息的那种运状。《周易》表达的是一种生生不已的生命哲学，后来又通过先秦的诸子百家在那里大力发扬。

阮纪正演示太极功夫

我所理解的中国武术，特别是太极拳，它的文化根源是《易经》，所谓拳起于"易"。中国"易"这种哲学观念，认为阴阳相济、两极互相激荡引起生命的变化，万物是从这里开始的，太极拳也是从这里开始。太极拳的"理"则成于"医"。太极拳整个人体模型、人的生理机制的解释，是根据中医理论来的。它还有一个文化来源，就是兵法，因为太极拳原来就是武术，是用以攻守进退的一种应对环境的手段。兵法是一种应对手段，应对方法，而且武术后来曾经在历史上依附在军事中作为兵技巧，也就是当兵作战的武器技术在那里发展。

根据我的理解，这三个是一套基本支柱，后来如果进一步发展的话，就是以道家为基本取向的。道跟儒从《周易》以来，开始了两条阴阳相济的道路，各自向两端互补发展。儒是往阳刚方面发展，阳尊阴卑，道是往阴柔方面发展。道更多的反映一个弱小民族、弱小者怎么去应对强敌的某些诉求。后来的诸子百家对它也有影响。儒作为中国的主流文化，对中国武术包括对太极拳的影响，也是比较深的。它在人伦取向上面，强调"自强不息"那种追求上面有很积极的影响，永不言败。

在诸子百家中，儒家是对太极拳影响很大的学派。太极拳"中正为天下宗"的要则就直接来源于儒家的学说。儒家的礼仪等思想又给太极拳的修心养性提供了滋养。

尽管在《太极拳论》中儒家的词汇出现较多，但墨家、佛家、道家等对太极拳的影响，却也是不容忽视。佛学中的禅宗思想，道家中的道法自然的思想，都对太极拳的发展与锻炼产生了重大影响。

在太极拳中所提倡的全身通透、一羽不能加的空灵境界，与佛学的不着尘埃有着玄妙的契合。而天人合一的思想广泛为儒家、道家所共同推崇，是太极拳文化中最为重要的观点之一。

阮纪正

比如说"墨家"，"墨家"的性格是一种侠性人格，墨家理论对整个中国武人的性格形成产生了极为深刻的作用。

"墨"是从"儒"里面分化出来的，是帮别人。按照冯友兰先生的说法，墨家是专门帮别人打架的武斗专家，它非攻但不弃武，它反对侵略，但是主张自卫。说非攻不弃武，知兵非好战，这一种基本精神，在太极拳里面也体现得很鲜明。非攻，我不进攻别人，但是你要来的话，我一定要应对。它不是一种屈服的哲学，它就是顺而不屈，这既有道的精神，也有墨的精神。

后来进一步进化，到了汉代大一统董仲舒的"天人合一"，"天人合一"对我们汉族文化的形成起的作用也是巨大的。过去我们对古代"天人合一"的理解比较肤浅，以为"天不变道也不变"是纯粹简单为统治阶级做一个辩护。实际上天人合一这个观念，更多是"天人相应"，它反映了我们汉族一个最基本的思维方法。

汉代把阴阳观念进一步发展，把五行、干支全都纳进来了，把阴阳八卦、五行干支全纳进来，构成一个非常庞大的把握事物的系统。阴阳是第一个层面，是基本性质的层面。因为在信息不平衡的条件下面，你无法便利一切，完全归纳化是不可能的事情，所以你怎么迅速把握住对象呢，它一下子通过阴阳把它两分法，就能够迅速抓住对象的特征。五行也是抓住五种不同类别的事物的深刻变化的那种关系。

阴阳与五行构成认知世界的一个基本的系统

太极拳讲究空灵的境界

中国的思维是用类推的办法的，这从《周易》就开始了。《周易》中说"物以类聚，人以群分，仰观天文，俯察地理，远观诸物，近视诸身"，然后就按照类来分，以类相推，观物取象，根据那个象，根据那个表象、现象，然后就去以类相推。这种办法是中国人的一种极高的解题能力，到了未来社会恐怕它仍然有自己的意义。后来佛学进来了，佛学对人的那种深度的心理分析，对人的意念的把握，特别是佛学那个"空"的概念，"因缘际会""缘起性空"，对空的把握，对太极拳后来那种空灵的发展，影响也是非常大的。

后来到了宋明理学，佛、道、儒三家合一，把先秦时候太极宇宙论的概念，变成了一个哲学的概念。王宗岳《太极拳论》的基本理论框架就是周敦颐《太极图说》，它就是用太极这个基本理念去描述太极拳整个的操作方式。

周敦颐作《太极图说》对太极拳理论影响巨大

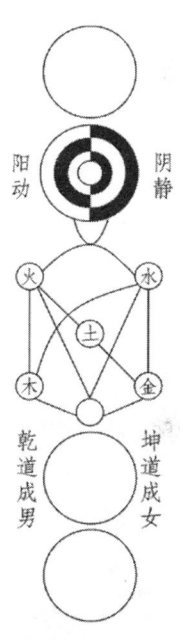

周敦颐太极图

太极拳作为一种实用性很强的武术，必然与冷兵器时代的军事战争联系在一起。太极拳的思维中贯彻了众多中国古代兵学兵法的思想，这充分体现在太极拳的攻防理论与技术中。《纪效新书》是研究太极拳不可不加以关注的一本重要兵书。其中不仅罗列了军事战阵的工具、阵法，更是收录了一些具体的练拳方法，其中的长拳三十二式图谱，对于太极拳研究具有重要意义。对照当今成熟的太极拳架式，我们可以清晰地看出其中的内在关联。

阮纪正

它还有一个文化来源，就是兵法，因为太极拳原来就是武术，是用于攻守进退的一种应对环境的手段。兵法是一种应对手段、应对方法，而且武术后来曾经在历史上依附在军事中作为技巧，也就是单兵作战的武术技术在那里发展。

太极拳的仿生拳势　白鹤亮翅

大自然中的白鹤自由飞翔

太极拳文化的奥秘

从某种程度上说,《太极拳论》与兵法理论相同,在结构上看,太极拳理论在整个拳学体系中占比重最大,比任何一个拳种都多。我们如果把《孙子兵法》与《太极拳论》做仔细的对比,可以看出惊人的一致。可以说每一篇经典拳论,就是一篇兵法。

在中国传统文化中,天人合一,是一个十分核心的观点,它是一种关于人类社会、人类生命的大思路。它将人放在广阔的自然中去考察,认为人与自然取得高度和谐统一,才能获得健康的生存状态。道法自然是实践这一观点的一个具体方法。太极拳完全体现了这种观点和方式,从自然中汲取养分来丰富自身的体系。

仿生是太极拳的一个技术特色,从太极拳的动作名称和练习方法中,我们可以强烈感受到这一特点。

阮纪正

这个恐怕要从中国人的思维方式谈起。中国人的思维方式从《周易》开始,"上观天文,俯察地理,远取诸物,近取诸身",这种"观物取象,以类相推",这种用"类"来相推的办法,我刚才谈到,就是在信息不对称不平衡的条件下面,能够迅速把握住对象的特征,来进行应对,应该是很有效的。中医的"药物归经",它显然不是简单用神农尝百草得来的,尝百草只能知道能吃不能吃,有毒没有毒,却不知道药性怎么归经,药性归经明显是按照类来比。

中国的武术因为是人体活动,人体活动跟动物活动是同构的,有点类似现在的仿生学,从动物的用力方法,动物的活动方式里获得某些操作上的启发,现在仿生学也有这类的东西。

在太极拳里边我体会比较深的,

太极拳的发力具有高度的协调性和完整性
田秋信演示

比如对于腰胯力的那些处理,就明显跟这种仿生学有关。动物里面讲,比如说"虎背熊腰",老虎跟熊为什么力气最大。太极拳那种整体发劲,有点类似熊的劲。因为熊它是直腰的,全身整体劲从脚到前掌,后掌和前掌能够整体发作,力量很大。

人原来爬着走,变成直立以后,身体变成两节,形成了腰弓,一形成腰弓,它有个好处:保护大脑,因为形成一个弹性,使大脑不受到振动,但是它也有一个弱点,把身体上肢的力量、下肢的力量拉成两段了。所以你练太极拳的时候,它要恢复先天动物那个背,还是直起来,命门要饱满,要填腰,让它拉直,尾闾中正,上面虚灵顶劲,下面尾闾中正,中间松腰落胯,跟着填腰,这样全身的力量上下就完整,能够整体发出。但是你这种怎么保护大脑呢?用腿弓来代替,因为它有落胯,屈膝盖,膝盖稍微弯曲一点,胯一落下来,就形成一个腿弓,用来保护大脑。你有了一个腿弓以后,又很便于脚踩涌泉,让力量从涌泉那儿通上来,一蹬直抵涌泉,就"起根于脚,发于腿,主宰于腰,形于手指",就能整体发出。这一类的用力方法都跟动物的仿生是有关的。其实中国武术仿生还不止太极拳,很多拳也都是仿生,仿生有内在的有外在的。后来新编一些仿生拳种,仅仅是从动物的外形上来模仿,太极拳这种松腰、落胯、填腰、踩涌泉,上面虚灵顶劲,造成一个整体发劲的方法,确实是比较内在的、深层次的仿生。

太极拳的艺术性是它文化属性的一个重要方面,太极拳优美的身姿,潇洒的外形,神形兼备的韵味,被称为"东方芭蕾"。太极拳的艺术性集中体现在两方面,一是它本身具有很强的艺术表现力,观看太极拳不仅可以得到视觉上享受,还可以感受内在的、向上的激情。练习一遍太极拳,如同进行一次艺术创作。二是太极拳提供了很多其他艺术门类可以借鉴的元素,它的理论、技术、美学架构都是可供借鉴的题材。它对于节奏的处理,对于人内在潜力的挖掘,都有很强的艺术创作发挥。

太极拳的艺术性值得注意的一点,是它与中国传统艺术的关系。中国艺术讲究意境,很多艺术品种的意境也正是太极拳的意境,在一些具体方法上,甚至要求一致,这是中国文化内向交流的神奇之处。比如中国画,讲究立体,讲究顾盼,要呼应,这在太极拳套路中也有明显的体现。太极拳要含蓄,要折叠,这与作画的方法也一致。书法中的中锋、藏峰,"绵裹铁"的笔法,章法中的疏密有致,在太极拳要领中也可以真切感受到。

梅墨生

中国的文化不只是文人文化,中国的文化还有侠士文化,中国的文化不只是"文化"还有"武化",只有文武之道,一张一弛,它们能够兼容包括在一起,才是我们的中国文化。

所以我觉得21世纪以来,中国的文化要想在世界上彰显它的价值,只研究它书面的文学的"文化"性的东西,我想是不够的。梁漱溟也是国学大师,梁漱溟先生在《东西文化及其哲学》里说,中国的文化是向内求的。就我的了解,"中国的文化向内求",这是一语破的之语,我认为梁漱溟先生这句话把中国文化的精要一语点破。

我认为无论在文道、武道,中国的文化都是重内而不重外,中国的太极拳,

梅墨生书法作品

中国的书法,中国画,乃至中国的茶道,中国的音乐,中国的文字,中国的易经,都是中国文化的载体。所以我曾跟很多朋友说,如果想了解中国文化,那么你最好的办法是在读书、在了解形而上的抽象概念的同时,去学习和体悟一两门中国传统的技术和艺术。身体力行,中国的传统是知行合一,知道了我不行,不行;我心知我体不知,不行;我的思维知道了,我的身手不知道,不行。中国的书法用一杆柔软的毛笔,在洁白的宣纸上,薄薄的一层,薄如蝉翼,用我们黑白浓淡墨分五色的墨色,可以绘成美妙的绘画,可以书写美妙的书法的点化运动的节奏,这是中国人独有的。

在这个世界上,我以为到21世纪,中国人可以引以为骄傲的,就是我们中国文化特有的那些国粹。

太极拳与中国医学有着天然的联系,这种联系从太极拳产生之日起就已经存在。《内经》作为中国传统医学的宝典,也是太极拳理法构成的重要基石。

太极拳吸收融合了中国古代很多种养生术,如导引吐纳。它的动作很多就是导引动作,在呼吸上也有很多调节的办法。《庄子》所述"熊经鸟伸"的仿生导

引，用来描述太极拳也非常到位。《老子》的"致虚极，守静笃，专气致柔"，也可看作对太极拳练习方法的阐释。

太极拳也同样具有文学属性，文为心声，文学的作用在于发现和发觉，它应该对关于人的大的主题和细微的体验有足够的热情。太极拳在三方面对文学提供了足够的物质和精神载体。一是关于自身的体验，特别是关于健康状态；二是关于社会的体验；三是关于自然的体验。文学的意境就是人生的境界，太极拳的意境就是生命的体悟境界。

阮纪正

太极拳文化给我们的启发应该是巨大的。中国哲学跟西方哲学有一些区别，这些不同的哲学区别，恐怕也反映了不同国家民族的社会演化路线。

中国哲学是在活动中、运动中研究它怎么样生成了。中国哲学最基本的概念是"道"，"道"的原意是能走的路。地上本没有路，走的人多了，最后就变成了路，它就研究这条路的形成过程，这就生成了"道"。中国哲学所有的概念，都是研究这种生成的机制的。道、太极、无极、阴阳、八卦、五行等等，它们都是讨论这条路，这个道怎么样生成，研究生成的过程，它能够体现一种生命的特征。

太极拳是中国哲学的符号　梅墨生演示

太极拳用一个人体文化符号，用生生不已的那种操作，用上下相随，前后相连，左右相应，内外相合，用这么一个身体符号，向我们讲述了这种生命运动的理念，表述了中国人那种生命的哲学。

太极拳的文化性，还体现在它全面性的社会功能。作为武术，它具有强烈的技击作用，同时又具有独特的健身效果，随着太极拳形式的不断多样，内涵的不断丰富，它的修身、怡性、养生、表演等功能也不断增强。太极拳已经成为一种全方位提高人的生命与生存质量的优秀运动形态。

乔松茂

太极拳，它不是一种目的，它是一种过程，通过练传统太极拳这种特有的技术，使身体完全在这种规范的前提下，达到升华的目的。

通过太极拳的规范，体悟人生的规范　　乔松茂演示

我这么多年的练拳体会，感悟到通过练传统太极拳拳架，规范了自己的人生，人生本身是可以东想西想的，而规范了自己的行为，使自己感悟到自己是做什么，自己该怎么做，能够化解各种矛盾，在认识世界，在自己的人生观上，包括如何看待自然世界上，有一个良好的、科学的思维。

钟振山

经过40多年的锻炼，我感觉到太极拳有两个突出特点，一个是讲"劲"，这是它的技术特点。有很多种劲，这些劲都体现太极拳的练法、用法。还有一个是讲"柔"，这是它的思想，属于太极文化。太极拳的柔，不是软，对人来讲，这个柔，是变化之道，就是顺其自然。无论怎么柔，都显示力量。要是懂了这个柔，经过长期太极拳锻炼之后，你的思想就会有一个升华，思考问题就不是想当然，而是讲究自然。这就是太极文化，当你练到一定程度以后，这个人的思想就有一个相应的境界。

太极拳的柔是他文化内涵的一种体现

余功保

现在我们所认识的太极拳，是一个多层次、多角度的复合体。基本上来说，主要是从这么三个方面：第一，作为一种武术的拳种，从这个角度来说，它的核心就是技击，因为中国武术有着与其他的运动形式最显著的区别，就是它具有攻防的功能，具有实战的作用。太极拳在中国武术当中形成的比较晚，它吸收了许多其他拳种技击中的经验，借鉴了他们的长处。比如它在技击中所体现的以柔克刚、以小搏大、四两拨千斤、引进落空等等这些技术战术战略的思想，在中国武术的拳种当中，在技击方面具有显著的特色。

太极拳是一种武术拳种，具有很强的技击作用

第二个方面，就是它作为一种健身的运动形式。太极拳之所以这么广泛地受到全世界范围的欢迎，其中一个最重要的原因，也可以说一个最主要的原因，就是它具有着显著的健身的价值。那么，通过习练太极拳来达到人体的阴阳平衡，来提高人体的免疫力、抵抗疾病的能力，对一些疾病的康复也有着显著的作用。这也是它在当前社会当中一个最具实用价值的部分。

第三个角度或者层次，就是太极拳是一种中国传统文化的形态，其中承载了中国文化的诸多元素，多角度地体现了中国文化的精髓，由表及里，无论是从外在形式上，还是内在精神上，都体现了中国文化非常显著的特点。

那么，我们透过对太极拳的一种研究，理论上的，实践上的，通过体征就能够非常深入、非常全面地了解中国文化的方方面面，所以许多学者认为，研究中国文化，通过习练太极拳是一种非常方便的入门的阶梯、升华的渠道、提高的途径。

太极拳的健身功能受到全世界人民的广泛欢迎

研习太极拳是了解中国文化的一种有效途径

太极拳文化的奥秘

太极拳的文化性是依托在太极拳的功技结构上的　吴文翰演示

具有着浓郁的文化性，可以说是太极拳最具魅力的一个属性。全世界很多习练太极拳的朋友，通过中国太极拳的练习，能够非常生动、非常形象地理解中国文化的一种特征。研究中国文化的一些专家学者、中国传统文化的爱好者，通过太极拳也能够非常透彻地触摸到中国文化的一种内核。要深入地全面地理解太极拳的文化属性，我们需要从太极拳的起源，太极拳的发展历程、太极拳的技术结构、太极拳的理论基础等等这些方面来加以综合性考察。当然，所有的这些文化的元素，全部都依附于太极拳基本的技术特征上，它的每招每式、它的套路、它的器械，离开了这些技术的结构，那么太极拳的文化属性也就无从谈起。

所以说，我们研究太极拳的文化属性，一个有效的途径，就是你必须亲身去体验一下太极拳，不能够纸上谈兵，要全面、深刻、透彻地认识了解中国太极拳，并且充分地享受太极拳带来的巨大乐趣，就必须要深入地研究认识中国太极拳的文化属性，这是它最独具魅力的所在。

阮纪正

太极拳的哲学思考比较深刻，它都是从关系上面去探究问题的本质，它的核心应该就是生命，是生命的一种升华。按照我的了解，太极拳分为三个层次，第一个层次，就是处理人的身心关系。它的核心就是人的生命，因为人的生命必须有身心共同活动，才能构成一种人的生命。

第二个层次，是处理敌我关系。敌我关系实质上就是主客体关系，因为人的生命应该在生活中展开，要对象化展开，你离开了对象化的处理，应对环境你就无所谓生命，谈不上任何生命的意义。

第三个层次，是天人关系。天人关系是处理还没有出场的整个大背景、大环境的关系。它实际上涉及的就是一个生态问题，所以一个生命、一个生活、一个生态，从三个大层面凸显出中国人怎么处理他面对的各种事情，它本身就是文化，要人为地处理各种事情，它就是文化。

太极拳源流的奥秘

在当今丰富多彩的太极拳体系中流传最广、影响最大的有太极拳六大流派之说，即陈式太极拳、杨式太极拳、吴式太极拳、武式太极拳、孙式太极拳、赵堡太极拳或者称为和式太极拳，除此之外还有各种名称命名的太极拳流派，大大小小不下数十种。那么太极拳究竟起源于何时，由何人所创呢？这却是太极拳一直研究争论的焦点。如同其他的中国文化形态一样，探讨太极拳的起源始终是太极拳界一个十分感兴趣的话题。有些问题随着近年来研究的深入，大家取得了相当一致性的意见，但有些问题却依然存在着很大的争议，成为许多人继续探究的课题。

阮纪正

太极拳是历史的产物，它积淀了从原始巫术理性化以来的整个中国思想文化发展的一些精华。但是光讲这些还是不够的，因为这些精华仅仅为太极拳的发展提供了一个背景，提供了一种可能性。作为一种人体技术、一种身体技术，我想要讨论太极拳的发展，还要讨论到它的技术演化和变迁。

我以为整个太极拳都是在中国传统武术的基础上发展过来的，中国传统武术一开始，从《庄子》的《说剑》篇开始，就有了某种阴柔的走向。你看"越女论剑"，还有庄子《说剑》，都表现了中国武术的几个基本特点。一个是重灵巧，重巧不是重气，因为它自身力量比较弱，以巧取胜，通过技术来吃饭。另一个跟中国兵法有关，就是求稳，先为不可胜，而后胜之。再一个是重知，也就是重了解敌情。还有就是重柔，不是单纯强调进攻，也注重防守。中国武术这些特点为太极拳诞生提供了很强大的前提。

中国剑术的轻灵风格对太极拳产生了重要影响　　曲致远演示

在技术演化上太极拳有两个很重要的特征，一个是走化，一个是粘逼。走化和粘逼按照我的理解是跟器械有关。太极拳走化的经验，按照我的理解，是跟中国的剑术有关。西方的击剑重击打、格打，中国的剑法重圈划、拦、磨、点、刺，讲究这些东西。剑似游龙，特别重视身法，它是走化过去的，这个对太极拳的走化我以为是有很深刻影响的。另外一个是枪，枪有拦、拿、粘等方法，那个粘逼之法很重要，太极拳练劲力的时候，抖大杆，它把对方粘住就发，这是从枪法来的。尽管从训练上来讲，先有拳，后有器械，拳术是练器械的基础，但是从发生学上来讲，是先有器械后有拳术，因为人是使用工具的动物，人的手的功能形成是跟他所用工具相关的，比如说形意拳就跟枪法有关，说太极拳粘、逼、跟、进、发那些用法，也是跟枪法有关的。

练习枪法、大杆一直是太极拳练功的重要方式 李雅轩演示

中国武林人士在先秦固然是士阶阶层，但春秋战国以后，文化逐步下移，秦汉年间再灭侠，把整个武林人士压到社会的边缘位置，他们的活动除了在《史记》有《游侠列传》以外，慢慢就没有任何记载了。他们只好附和神仙或者什么名将诸如此类的，所以简单从那种师承源流、简单从历史记载是找不到的。但找不到并不等于没有蛛丝马迹，通过它的技术演变，通过那个拳种里面那些拳法、技术的某些蛛丝马迹，我们可以判断出一些进化的痕迹。比如说太极拳的一些动作，就明显跟戚继光记录下来的那些拳法相似，很多动作都有明显的关联性。甚至我们发现汉代马王堆里面那些导引图，导引的一些动作也有跟太极拳很接近的一些动作，所以我们从技术演化的角度去追，恐怕比简单讲哪个人创更为重要。

关于太极拳的起源，一派观点认为太极拳起源于河南温县陈家沟，这一观点起始于20世纪30年代，由著名武术史学家唐豪等提出，这一观点在随后的数十年间产生着重要的影响。2007年在温县陈家沟竖立起了陈王廷铜像，铜像上雕刻着太极拳创始人几个大字，这成为现在很主要的一种说法。但也有许多人对此种观点持反对意见，他们认为迄今为止并没有特别有力的证据表明是陈家沟创立的太极拳，仅凭现在的一两句诗词就下结论未免太过武断。相反，在陈王廷之前却有着许多太极拳的痕迹的出现。

另一派观点则认为，当今流传的五大流派太极拳均发源于陈式太极拳没有异议，但太极拳并非陈家沟所创，而是由武当山所创立，具体创始人是武当道人张三丰。对这种观点持反对意见的人认为，张三丰其人在历史上本就扑朔迷离，在不同朝代都有不同的人物对应这个名号，是否真有其人还难以确定，把太极拳归结为他所创立，未免有所玄虚。

还有人认为是山西人、那位写了《太极拳论》的王宗岳先生创立了太极拳，甚至有的人把唐朝的许宣平、李道子作为太极拳的创造者。

尽管太极拳的起源莫衷一是，但对于当今流传最广、影响最大的五大流派的太极拳源流与发展却是非常清晰的。

陈式太极拳是五大流派中最为古老的一种，也是这五大流派之源，陈式太极拳具有刚柔并济、节奏鲜明、动静相合等特点。杨式太极拳直接演化于陈式太极拳，是当今世界习练人数最多的流派。杨式太极拳的创始人为河北永年人杨露禅，后经过他的后人杨班侯、杨健侯、杨澄甫，以及众多弟子的共同努力下将其传遍天下。

陈小旺

何时、何地、何人首创了太极拳，这是很多人所关注的问题。一些研究武术的专家学者比如唐豪先生，经过系统的研究，查证多方面历史资料，证实太极拳的创始人是明末清初河南省温县陈家沟陈氏第九世陈王廷。

陈家沟陈氏第一世陈卜，原籍是山西泽州郡人。明朝时候由山西迁至河南沁阳县，后来又搬到位于温县城东十华里的常杨村。随着陈氏人丁兴旺，常杨村就改名为陈家沟。陈氏第九世陈王廷晚年的时候隐居造拳，现在存的《拳经总歌》和《长短句》里面有相关的描写，辞中说："蒙恩赐，枉徒然，到而今，年老残喘，只落得《黄庭》一卷随身伴。闷来时造拳，忙来时耕田，趁余闲，教下些弟子儿孙，成龙成虎任方便。"就是说因为当时政局动荡，他就归隐乡村研究拳术。他依据祖传拳械，吸收了各家拳法精华，结合中医经络学和导引、吐纳术，以古代阴阳学说为理论根据，创编了陈式太极拳。

自陈王廷始创太极拳以来，陈家沟世代沿袭，习拳之风蔚然而兴，名手辈出，历久不衰，所以陈家沟流传着"喝口陈沟水，都会翘翘腿"和"会不会，金刚大捣碓"的佳话。

河南温县陈家沟陈王廷铜像

路迪民

中国太极拳的起源是比较早的，但流传范围一直不广，限制了它的传播。而杨露禅打破保守陋习，把太极拳在清朝中叶从永年传播到北京，后来才得以广泛传播，成为近代太极拳的开拓者。武式、吴式太极拳的起源也有百余年了，但武式、吴式太极拳都与杨式太极拳有渊源关系，是杨式太极拳的分支。可以说在上世纪30年代之前，社会上流传的太极拳主要是杨露禅传下来的，那时候是没有流派之说的。陈式太极拳虽然也起源较早，但在1926年之后才广泛面世。到了20世纪30年代之后，由于种种原因，太极拳才有了流派之说。

杨家太极历来尊崇武当张三丰为太极拳祖师，由张三丰数传至王宗岳，王宗岳传蒋发，蒋发传陈长兴，陈长兴传杨露禅这种说法已经相传了一百多年。

1931年，杨澄甫先师在《太极拳使用法》之《太极拳原序》中说："太极拳传自张真人，真人，辽东懿州人，道号三峰，生宋末。"1934年，杨澄甫先师又在《太极拳体用全书自序》中说："先大父更诏之曰，太极拳创自宋末张三峰。""陈长师，乃蒋先生发唯一之弟子。"翻译明确一点，就是杨澄甫说："我爷爷说，我们的祖师是张三丰，我爷爷的师爷是蒋发。"杨家的后人和主要传人的著作都如此说，从杨露禅传授太极拳至今以来都没有改变。

路迪民在西安国际太极拳交流会上　　武当张三丰画像　　路迪民演示杨式太极拳

曹彦章

杨式太极拳的创始人是杨露禅，是第一代，他原来是学陈式太极的，跟陈家沟陈长兴学习。他是河北永年县人。他家里面比较贫寒，从小也是练武的，开始练过少林拳。后来在他们老家练的是绵拳，风格舒展大方，舒展大方但不拘紧，走出来的架子形如流水，后来发展出了杨式太极拳。到杨澄甫就总结了"杨式太极十大要领"，如"迈步如猫行，运劲如抽丝""虚灵顶劲"等，形成了系统的特点和风格。杨澄甫定式定的85式，真正的拳是108式。现在杨澄甫弟子学生在全国传播就是以85式为主，教出来的人比较容易接受。很少有人教108式了，但是内功都是108式的动作。

太极拳源流的奥秘

曹彦章太极拳势

吴式太极拳脱胎于杨式太极拳又自成体系，风格独具，有"长寿拳"的美誉，出现了大量高寿的拳家，如马岳梁、吴英华、吴图南、杨禹廷等。吴式太极拳由全佑所创，其子吴鉴泉为拳架定型做出了重要贡献。杨禹廷、徐致一等人也为吴式太极拳的发展发挥了突出的作用。

周世勤

吴式太极拳是太极拳当中一个重要的流派。清朝同治年间的时候，太极宗师杨露禅在端王府教太极拳，当时他从"神机营"（又叫"火器营"）中选了几位，其中有凌山、万春和全佑，突出的是他们三个人。三个人有不同的特点，像万春是刚劲，凌山是善发劲，全佑善柔化。后来根据杨露禅的安排，开始是三个人向杨露禅学大架，后来全佑又去跟杨班侯练小架，逐渐形成了小架善柔化这么一种风格流派的太极拳。

奠基人是全佑，北京大兴人。当时大兴实际上包括北京东城的一部分和现在大兴县的一部分，过去历史资料上叫河北大兴，实际上就是现在的北京大兴。他教了一些徒弟，比较杰出的是吴鉴泉和王茂斋，他们俩是亲师兄弟。王茂斋是山东人，后来以吴鉴泉、王茂斋为代表的这个小架善柔化的太极拳，就称为吴式太极拳。

吴鉴泉像

王茂斋像

吴式太极推手　翁福麒演示

吴式太极拳是以柔化著称的，动作比较柔和、规矩、轻松自然、连绵不断，拳势比较小巧灵活，拳架子也是比较开展紧凑，紧凑当中又不显得非常拘紧。吴式太极拳圆活，动作贯穿，它的推手严密，细腻严谨，招式随着对方的变化而变化，变化多端，所以守静而妄动，尤其以柔化为主。

太极拳源流的奥秘

吴式太极拳　翁福麒演示

　　武式太极拳由杨露禅同乡武禹襄所创，有文人拳的风范。武禹襄不仅武功精湛，在太极拳理论上更是成果卓著，流传有许多重要的太极拳经典篇章。如今在河北永年坐落着两个太极拳纪念胜地，杨露禅故居和武禹襄故居，来纪念这两位为太极拳做出极大贡献的杰出太极拳家。

翟维传

　　武式太极拳是太极拳五大流派之一，发源于河北永年广府城。祖师是武禹襄，在武禹襄之后辈辈相传，发展到现在，已经发展到七八代了。以前习练者主要在河北，现在全国各地都有很多练武式太极拳的了。

北京大学学习武式太极拳的爱好者

钟振山

武式太极拳的特点是姿势比较紧凑，动作比较简洁，外柔内刚，刚柔相济，俗称是"干枝老梅"。其身法要求比较严谨，严格遵照武式太极拳的身法要求，"提顶、吊裆、裹裆、护臀、含胸、拔背、松肩、沉肘"，行功走架，立身比较中正，八面支撑，动作缓和。气势比较饱满，每势都是以起承开合相连接，身体前进后退左右旋转，完全用的是扣碾的步法，就是一只脚跟转，另一只脚前掌碾。像扣碾步法，就是左脚脚跟转，右脚脚尖碾。所以，它的步法比较灵活，身体比较中正，这完全是利用内气潜转和内劲虚实转换来支配外形动作，上肢动作比较小，动作就比较灵活。

武式太极拳如干枝老梅　钟振山演示　　　　武式太极拳气势饱满　姚继祖演示

再一个就是开合隐现，就是开、合、隐、现。"开则俱开"，就是周身骨节肌肉群微有开展的意思。开为发，发的神意微现于体外，就是微微现于体外，这是发劲。"合则俱合"，就是周身的骨节肌肉群微有收缩的意思。合的时候是收缩，合为收，收的深意隐运体内，就是运力的意思就隐在体内，就是外面看不到。

武式太极拳的步法比较轻灵、灵活，最大的特点是进步必跟，就是往前进一步跟一步。退一步必撤，虚实比较分明。

手法以手掌为主，这叫立掌，就是五指自然伸开，虎口要圆，五指自然弯曲，左右手各管半边身体，就从鼻子到尾间的中线，就是左手管左边，右手管右边，两手不可以越。出手高不过眼，往前出手的时候，高不能超过眼，低不能超过口，一般都指的是主手，就是发力这个手。所以上下要相随，上下就是手跟脚，脚到手到。"左右相应"，就是两只手虽然是各管一面，但是两手要互相呼应，要联系上。"内外相和"就是以内带外，四肢的运动是在腰部带动下来运动。

武式太极拳开合隐现　钟振山演示

武式太极拳左右相应　钟振山演示

总的来讲，武式太极拳的动作比较简洁，内收外放，小中见大。武式太极拳称为是小架，虽然小，但是小中能往外开大的那种神态。它内涵比较丰富，技击性比较强。因为上肢的动作很少动，都是在腰的带动下来完成的，所以这又形成了独特的武式太极拳的特点，就是姿势紧凑，动作简洁，就像干枝老梅一样，只有干枝，很少有梅花和绿叶来衬托。

武式太极拳小中见大　钟振山演示

孙式太极拳由近代杰出武术家孙禄堂所创。孙禄堂精通太极、形意、八卦三大内家功夫，其三家合一的特点享誉海内外武林界。他将这三家之长吸收合并，悟创了孙式太极拳。孙式太极拳讲究开合进退，练形练意，为养练结合的优秀拳种。

孙婉容

孙式太极拳是我爷爷孙禄堂创编的，它具有独特的特点。孙禄堂创编孙式太极拳是他在习练形意拳、八卦掌已经很有成就，他考虑了"武与道合"的时候，他悟到这些武术"其理则一"，太极拳的核心道理也应该是统一的，他就想掌握一下太极拳。后来有一个机会他跟郝为真老师学了太极拳，学了以后他就把这些武术融合在了一起。所以说，孙式太极拳是孙禄堂武学发展的一种飞跃，一种集大成之作。

孙式太极拳的主要特点，一个是纯任自然，一个是进退有章法，迈步必跟，退步必撤。跟得很紧，出手比较快，身法、步法上就有形意拳、八卦掌的东西在里面。再有一个，孙式太极拳的方向变化比较多，四面、四隅都有，四面八方都有，在灵活性上跟八卦类似。但孙式太极拳的动作又不是照搬形意拳、八卦掌，而是体现太极拳的特点。更深入一点说，它是通过太极拳这么一种形式，体现中国武学的高境界。

孙婉容演示孙式太极拳势

周世勤

孙式太极拳是具有独特风格的优秀传统太极拳的流派。孙式太极拳的创始人是孙禄堂先师。1872年孙禄堂宗师拜形意拳的名家李奎元的名下，1875年经李奎元老师的引荐，随师祖、河北省形意拳的鼻祖郭云深又学习形意拳8年，深得形意拳的精髓。

孙禄堂先师在学习形意拳多年以后，1882年又拜八卦掌名家程廷华先生习练八卦掌，深得八卦掌的精髓。孙禄堂先师1912年拜太极拳名家郝为真先生习练太极拳。当时郝为真先生有病，孙禄堂宗师把郝为真先生接到家里来，像对待父母一样认真地伺候，后来郝为真很受感动，倾囊相授，把太极拳的一些真谛传给孙禄堂宗师，所以应该说也是深得太极拳的精髓。

武术名家周世勤谈孙式太极拳创立

太极名家郝为真

孙禄堂先师经过几十年的深修、研悟，将形意拳、八卦拳、太极拳三门拳术从理论到内容提高升华融合为一，在1919年创立了具有独特风格、自成体系的孙式太极拳。

太极拳源流的奥秘

孙式太极拳最中心的特点是讲究中和,就是说演练孙式太极拳时,要求周身内外要体现出虚实转换,开合相接,动中求静,变中求整,达到内外合一,神气合一,内劲中升。

孙式太极拳讲究中和　孙剑云演示

过去孙禄堂先生提出来,习练孙式太极拳身态要求有"九要",这是孙式太极拳的习练规范。九要指的是"一塌,二扣,三提,四顶,五裹,六松,七垂,八缩,九起钻落翻要分明"。还要求"顶"字。"顶"字是指头顶竖项,推手中内劲要发出去的话,必须得顶一下,脑袋往上顶,否则的话,你内劲推不出去。

另外，孙禄堂先生还提出了"避三害"的练拳原则。避三害就是要求练拳时切忌努气、拙力和腆胸提腹。这不仅是对孙式太极拳，对各种太极拳的练习都很有意义。

孙禄堂先生首先是学的形意拳，后来又学的八卦拳，以后又学的太极拳，他觉得这三个拳法，本身应该是有很多共性的东西，所以孙禄堂先生认为形意、八卦、太极是一个有机的拳学整体，三者的关系是互补、互融，并且指出形意、八卦、太极三派的拳术之道，始于易理，终分三派，又复合为一理。

"九要"是孙式太极拳的要领规范
孙禄堂演示

太极、形意、八卦虽分三派，合于一理
孙禄堂演示

孙式太极拳的第二代掌门人是孙剑云老师。孙剑云老师得其家传，幼庭承训，随父亲学拳。孙剑云老师对于武术非常热爱，终生从事武术教育推广事业。刚开始的时候孙禄堂宗师还不大肯教，说女孩子练什么太极拳。但是孙剑云老师就是坚持在一旁看，在一旁学，看得仔细，学得用心，很是中规中矩，非常灵。后来孙禄堂宗师看她的确有兴趣，也有悟性，就专门教她。所以应该说得其父真传，并且形意、八卦和太极，这几方面都完整地继承下来，特别是孙式太极拳，把孙禄堂宗师创立的孙式太极拳继承发展推广到大江南北、长城内外。

孙式太极拳名家孙剑云

孙剑云老师教了很多优秀的学生，对太极拳的传播、发展起到了很重要的作用。具有代表性的如孙永田先生，在孙禄堂创始的孙式太极拳和孙剑云先师继承全面发展孙式太极拳的基础上，根据现在的新的形势，与时俱进，不断地把孙式太极拳推向社会，造福人类。

孙永田孙式太极拳势

余功保

太极拳和中国其他的传统武术拳种一样，也具有流派众多的这么一个特征。它一方面反映了中国武术的丰富多彩性，另一方面也反映出中国武术的理论架构、技术结构比较复杂这么一个特征。我们考察研究太极拳流派形成的原因，对于研究中国武术其他拳种的流派成因，也有着很好的借鉴作用。

关于太极拳主要流派的说法，在20世纪80年代，称为"五大流派"，就是陈式太极拳、杨式太极拳、吴式太极拳、武式太极拳、孙式太极拳。到90年代中后期，开始有"六大流派"之称，在五大流派之外，又加上影响比较大的"赵堡太极拳"，有的称为"和式太极拳"。当然，除了这六大流派之外，还有许多其他的在各地流传的太极拳的流派。

六大流派之陈式太极拳　陈正雷演示

六大流派之杨式太极拳　赵幼斌演示

六大流派之吴式太极拳　刘伟演示

六大流派之武式太极拳　吴文翰演示

六大流派之孙式太极拳　李斌演示

六大流派之赵堡太极拳　吴忍堂演示

太极拳流派形成的原因，我想主要有以下几个方面：第一个方面就是文化的因素。因为中国的传统文化历史悠久，源远流长，在文化上也存在着不同的学派，同一种学派里边还有不同的分支，那么这些文化对于中国传统的太极拳的渗透和影响是许多方面的。由于文化背景的不同，学术观点的侧重点不同，就形成了不同的太极拳流派的学说，每一种太极拳在具体的理法结构上都是有所区别，强调的侧重点不一样。

第二个成因就是区域的因素。就是在不同的地区对太极拳流派的形成具有重要的影响作用。中国幅员辽阔，地大物博，在古代社会当中，由于信息、交通等方面还不太发达，所以在地域间的经济发展的程度、经济发展的模式、文化的侧重点，乃至政治的模式都有所差异，这些差异，直接影响着人们的思想生活方式行为规范，这样也就很自然地影响到太极拳流派的形成。

文化因素是太极拳流派形成的成因之一

太极拳流派风格受到地域因素影响比较大，中原大地孕育了名扬天下的陈式太极拳

武术家的个性因素造就了太极拳的不同风格

　　第三个因素就是武术家的个性因素。因为太极拳是由人来创造、由人来传播的，武术家的个性都会有千差万别的区别。比如说他的本身的习武的经历，本身的身体特点、生理特点、心理特点都有所差异，本人的修养学识也有所差异，特别是创立太极拳学派的核心人物，以及他主要的传承人的个性，对太极拳的流派、对太极拳的技术风格，乃至他所重点汲取的中国传统文化的学说，都会有着至关重要的作用。

　　第四个方面，太极拳的传承，或者说它的流传系统的因素。因为在过去的太极拳的流传，不同的流派有不同的传承的方式。开始的太极拳是在山村里面、在深宅大院、在自己的家族的内部来流传，陈式太极拳长期以来是在河南陈家沟陈氏家族内部流传。杨式太极拳，杨露禅学拳以后，开始也只在永年流传，后来到了北京，才广泛地向社会传授。武式太极拳，武禹襄创拳以后，传给李亦畬，他们也只是在永年广府一定范围内传拳，到了第三代郝为真以后，才广泛地将武式太极拳传播开来。

太极拳流传系统对风格的形成也起到了重要作用。杨式太极拳以北京为核心，辐射到全国各地

太极拳的核心拳理和基本技术特征具有一致性和相通性。杨式太极拳、陈式太极拳形态动作风格差异较大，但内核相通

所以，每一种太极拳流传的方式、传承的序列有所不同，在这个期间，流传的过程中对于太极拳风格的形成，也有着很明显的影响作用。

归纳以上这几个方面的原因，太极拳在发展过程当中，在具体的拳理和具体的功法技法上逐渐有了分化，比如说有的强调刚柔并济，有的擅长柔化，有的讲究绵里藏针、连绵不断等等，风格上有所区别。但是，所有太极拳流派核心的理论基础和它核心的技术规范很大程度上具有一致性和相通性，否则它就不能成为太极拳。比如说核心的理论就是阴阳和谐、天人合一、整体观，这些方面是一致的，比如说核心的技术，以柔克刚、随曲就伸、动静相生、四两拨千斤等等，这些技术要领上也都是统一的，所以太极拳的流派基本上可以称为是"合而不同"。

阮纪正

拳法的东西往往因为师承不同，而且有的地域的风格、个人的领会不一样，变化的就比较多，可能会产生变异化。

梅墨生

中国书画讲究"书为心画"，就是它任何一个笔法，一个点化出手都是你这个人心性的流露，刚性的人写出的线条是比较刚劲、刚强的；比较温柔的人写出来的相对比较柔和一些；一个大方的人、一个大气的人他的线条是比较开放的，而一个比较琐碎的人，他的笔道相对是比较内敛的。

那么，在太极拳里也可以说"拳如其人"，如人的什么呢？心情、气质，字为心画，拳为心声。太极拳其实具有千变万化的风格，一个老师同样传授几个弟子，每个弟子打出来都不一样，那就是拳"法门为一"，然后风格各异。同样咱们都写楷书，同样咱们都练颜体，但是每个人体会学出来的颜体总会有所不同，这就是一本万书。

我觉得太极拳跟书画在人的心性这方面都是一种很精确的传达，我觉得这是太极拳魅力的很重要的一方面。它是同中有异，异中有同，大同而小异，正因为这一点，说明了太极拳的包容性和它蕴含的东西特别丰富，它不是枯燥的、简单的几个招式、几个套路。何况太极拳本身还有六大门派，六大门派里还有那么多传人。所以，我觉得太极拳的流派就像中国的书法一样，那么多体式，但每种体式都有很宽广的包容性。

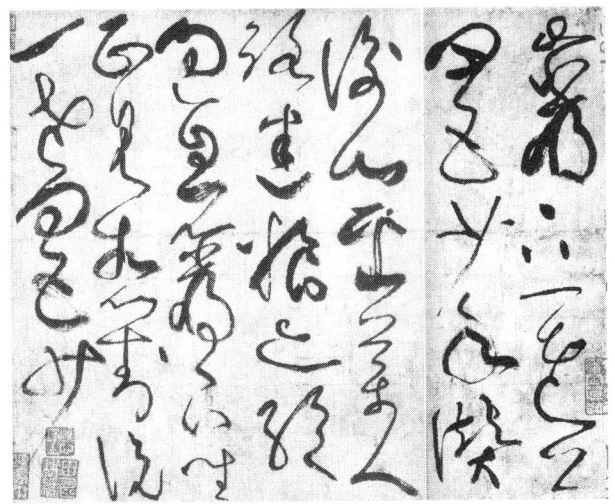

唐代书法家张旭性情狂放，其书法也纵横不羁

郑曼青太极拳势

董英杰太极拳势

比如就字体来说，"正、草、隶、篆、行"五体，这就是书法的流派，如同太极拳的五大流派或六大流派。在书法中，同样是楷体，也还有万千风格。太极拳中，同样是杨澄甫一门杨式太极，那打出来以后因为其十大弟子传授的不同，也有不同风格。你看郑曼青打得那么内涵文雅，董英杰打得那么浩瀚沉雄，同样都是杨澄甫的弟子，这就不一样。

我觉得在这一点上，太极拳与中国的其他艺术门类也都是一样的，在这个意义上我就想说，太极拳本身也是一门艺术，它更是一门学问，它还是一门技击功夫，所以它是集功夫、艺术、学问、文化与一身的一门传统的文化，完全成为太极拳的运动文化。

中国《易经》讲"形而上者谓之道，形而下者谓之器"。太极拳，我觉得以它的运动方式来体现中国的文化之道，当这些东西是圆融在一体的时候，就是极抽象的哲学概念和最具体的形而下者实现了统一，有高度，有深度，有厚度。具体的招数法门，八门五步都是，四正四隅，这都是太极拳的"形"。它承载了"道"。

太极拳是一种综合性的中国传统文化形态
梅墨生演示

陈式太极拳白鹤亮翅　李经梧演示

杨式太极拳白鹤亮翅　李雅轩演示

　　我觉得像有些门派，同一个招数架势，有许多式子由于传承的不同，演化成的形态也不同。比如同样一个"白鹤亮翅"，在杨式里面是那样打的，在陈式里面是那样打的，在武式里面是那样打的。有的拳式相同，但名称也发生了变化，比如有的叫"倒卷肱"，有的叫"倒撵猴"，这也是一本万书。

　　过去禅宗有一个说法叫"月映千川"，天上的月亮是一个，但映到下面一千条河流里就有一千个月亮。当我们看形而下的河里的月亮的时候是一千个，我们看天上那个月亮，即本就是一个，所以一本万书。太极拳也是这样。禅宗讲"一花开五叶"，我想太极拳也有点儿是这样。真正如人所言，太极拳诞生于中华文明的历史脉络，它是中华文化的整体塑造了武学的这么一门学问、一门文化，或者一门功夫。

　　当我们谈某个人的太极拳风格的时候，完全可以用谈诗的风格、谈音乐的风格、谈绘画的风格、谈书法的风格来比喻。比如说行拳自然，比如说行拳舒展，比如说行拳行云流水，比如说行拳非常的有气势，功力深厚，比如说行拳的沉雄豪迈，行拳的绵密细腻等等，其实都可以用唐代司空图《二十四诗品》这样的理论来评说。

拳品如诗品　李经梧演示

阮纪正

任何一个事物的发生、发展都有一个漫长的过程，太极拳积淀的文化要素特别多，所以它的形成应该是比较慢的。我把它的历史分为三段来讨论，第一段叫作前史。它以前的因素，与之相关因素的起源非常久，"太极者无极而生"，这个"武者，巫也"，任何人类的文明活动，最早的形态都跟武术有关，跟先秦诸子的一些思考是相关的。比如说跟《周易》里面那一个基本的思维模式、思维结构、阴阳对峙的结构也是相关的。中国武术讲"拳起于易，理成于医"，就讲了它的源头，跟"易"那种思维结构，阴阳对峙的结构是密切相关，医就从人体模型上面，给它提供了可操作的人体活动的一个指引。另外还有兵法，兵法给它提供了一个攻守进退的武术框架，后来它基本的价值取向是道家的，是阴柔那个取向，后来把先秦诸子很多东西，魏晋的玄学，"言意之辩""有无之辩"，还有隋唐的佛学和道教里面很多东西都吸收进来了。它的理论框架应该是宋明理学的，因为宋明理学在中国哲学史上是一个集大成的东西，它把原来的宇宙演化论，转化为一个哲学本体论。太极这个模型解释能力特别强，所以说太极拳就是在太极文化、宋明理学那个太极模式指导下形成的，这些都叫作前史。

中国古代内功理法的发展对太极拳功技系统的形成有很大影响

另外，它有形成史。形成史我更注重的是技术的演化，它的技术的演化大概有几个东西，一个是武术的发展，武术攻守进退的基本框架、技术的发展。一个是气功的发展，还有一些艺术形式的发展，比如杂技一类的艺术形式发展。通过技术发展，按照我的理解，太极拳一些技术手法是跟使用器械有关的，这是技术演化给它慢慢构成的。

太极拳还有流派的分化，以及它的转型。流派分化我把它放在技术形成里了，因为它是百花齐放，从不同的角度来形成自己的一些风格，所以流派分化跟技术的形成是紧密结合在一起的。

最后，是后史，后史就是转型史。转型史在民国时期已经开始了，因为根据社会需要的变迁，传统的技击逐步退出了社会需要的舞台，它就逐步向健身方面重点发展。从民国开始一直到新中国成立以后，这个趋势越来越明显了，原来的技击越来越淡了，但是健身方面就越来越加强了，那是属于转型史，我是把它作为一个历史来看的。

健身性是当代社会太极拳最主要的功能需求

《太极拳论》曰:"拳者权也,虽变化万端,而理为一贯。"尽管太极拳流派众多,但都统一在阴阳和谐的大原则之下。太极拳不同流派的存在,为我们的练拳提供了多种选择的可能,也为我们互相印证、交流、提高,提供了方便条件。

太极拳内功的奥秘

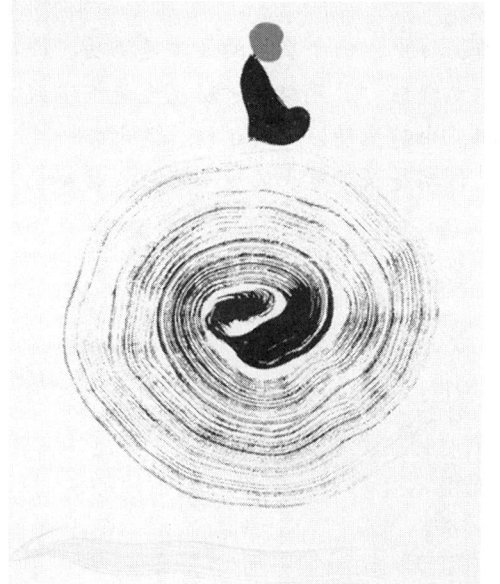

太极拳作为一种内家功夫，内练是它的基本特征。而长期以来，太极拳内功却被披上了一层神秘的面纱，视为外不传人的绝学，颇有几分玄妙的色彩。在一些武侠小说和武侠电影中，太极内功也被渲染得神乎其神。

其实太极内功并非那么高不可攀，只要正确把握要领，一般人都可学会。当然练习的功力深浅，那要看自己下功夫的程度和悟性了。

余功保

太极拳的内功，长期以来被很多习练者看为高深莫测，其实它是在太极拳的基本原理的基础上，进行人体自我修炼的一种锻炼方法、一种体系，它所秉承的依然是太极拳修炼当中的阴阳平衡、内外和谐、形神并练、动静相生这样一些主要的原则，通过不断地锻炼，来提高人体自身的健康水平和自身的技击的养生成效。

在太极拳内功的练习中，一个重要的方法是桩功，许多太极拳家都十分重视桩功的锻炼作用，如无极桩、混元桩等。桩功也是许多武术流派共同注重的，是中国武术的独特之秘。由静生动，内气运转，意形合一。

练习太极内功，桩功是必不可少的一个环节，贯穿于入门和提高的所有过程中。

阮纪正

无极桩，就是让你怎么样理解无极。你要一起势，就是太极，如果别人来问拳的时候，你一定要有这个无极的状态。

我特别重视这个起势，起势就让你领会无极进入太极的过程，是怎么进入的，怎么变化的。无极不变阴阳，但不变阴阳混沌的时候，你必须要各个方面寻找它，感受它的一个自然状况，找到自然混沌那个体会，找到以后把什么都忘掉。

太极一动，就开始分阴阳了，一分阴阳就有了动静，有了动静就有开合，有开合就有进退，有进退就开始攻守，这一整套，就是这样演化出来的。这里都需要你通过动作慢慢来体悟。怎么一静一动，静了怎么变成动，动又怎么回到静，这里面很多东西是要由无极桩为基础的。有了很好的无极桩功夫，你对内气的深入体验程度，你对身体变化的敏感性就大大加强了。然后通过起势，由无极到太极的变化，这个过程非常重要，起势做得好，整个套路就是在一个太极状态中运行了。如同火车进入了正确的轨道，这个轨道就是内功的轨道。

太极拳内功的奥秘

太极拳的无极状态　王继升演示

起势做好，还要再加上收势。内功的重要一个环节就是收功，做不好收功效果就大打折扣。太极拳收势是让太极回到无极，起势就是从无极进入太极。

做好太极起势，进入内功轨道　王继升演示

太极收势让太极回归无极　王继升演示

所以练拳一开始,首先站好无极桩。身体进入自然状态,放松站好,双手一起,前面一拉,分两点,明三节,有上下。"分两点",前面领劲点,后面发劲点,分开的,前面推的时候,后面又拉了。"分三节",梢节、中节、根节,三节出来了,气就往下沉,神往上升,这又是一个阴阳对峙的状态。这个从《周易》来讲,就是水火既济,也就是心肾相交,所以有上有下,有左有右,有前有后,这就给它分出来了。

动作起来进入太极时,一开始你要找一个无极。站好了无极桩,就能找到那种最自然的状态,要把什么都忘掉,不辨东南,不辨西北,不分阴阳,忘掉。然后丹田前面一转,马上就清气上升,浊气下沉,也就是神往上升,气往下沉,然后动作一出去,就伸出去了,伸出去然后分出前后,有了动静,就开始开合进退,整个动作就开始进入了。

阮纪正太极拳势

陈小旺

无极和太极是太极拳内功的两个状态，可以通过练习桩法来提高功力。桩是太极拳的一个基础。过去有的人把"单鞭"或者"懒扎衣"叫无极桩，我认为这不是真正的无极桩。什么是无极呢？正中是无极。气在丹田运转，就是太极了，我把它叫作中定桩。前进、后退、左顾、右盼、中定，这是太极拳的几种基本运势。

什么叫中定呢？运腕一沉，这是中定，"斜行"完了一沉，这是中定，"单鞭"完了一沉，这是中定。气在运化之间和停下来不同，动的时候就像拿个石头放到水里，水纹波开，当你不动的时候水面恢复平静。我们动的时候气会这样跟着走，我们站着不动了，它就恢复平静了。气达到丹田核心，内有脏腑外有肌肤全都贯通，这就叫中定。这样练法，才是太极内功的练拳法。

陈小旺太极拳势

太极拳之中定　陈小旺演示　　　　　陈式太极拳之单鞭　陈小旺演示

崔仲三

练太极拳要练桩功,比如浑圆桩、调息桩等等。为什么?为了让你对太极拳的动作有一个真实、直观的感觉。太极拳劲力比较复杂,要把它描述得很清楚,比较难。开始的时候我可以告诉你劲力在哪儿,怎么运用,但是真正到你体会了并且能表现出来,这是一个过程,这也是你磨炼的过程。

崔仲三讲授太极内功

要比较快、比较准确地完成这个过程，除了拳架动作之外，还可以通过一些辅助的方式，桩功是一种重要的方式，是内功的方式。比如说我们可以练一练混元桩，通过两臂的平曲、掤劲，达到一个身形、外形和内在感受相统一的练习。这其中还要有一些调息的练习，实现一种柔和的、身体内在的力量的升与降和你动作的开与合之间有一个有机的配合。

太极内功还可以通过各种动功的方式进行，体会到太极拳劲力的不断的变化。我们平常说起承转合，有起有承，有转有合，这是太极内功中重要的要素，就是在变化中使身体成为内外协调的一个整体。

桩功练习，一是为了更好地体会每一个动作，或者某一个动作的劲力；再一个，也增加了你对肌体各个不同部位的肌肉的感觉，乃至你身体骨骼成为一种什么的形状，达到最后太极拳所说的天人合一的感觉。

起承转合为太极内功之要素　崔仲三演示

翟维传

练太极拳要先站浑圆桩，这是太极内功的基础。桩功能有效锻炼意念，练太极拳就是通过意念的活动，走转身体，调整身法，有了意念和动作的配合，内功才能实现。

我认为，太极拳就是一个动气功。它完全是以内动带外形，讲究整体浑圆，以内动带动外形，以内气的潜转，即由看不见的内气的潜转，带动肢体的动作。内功的几个要素：精神、意念、气，缺一不可。练太极拳讲究意到、气到、劲到。通过意念的支配，使动作上升到内功的层次。

翟维传讲解太极浑圆桩

太极拳是一种动功　翟维传演示

刘建波

太极内功以活桩为主，实际上练拳盘架子当中就是在扎桩，每一个动作都是桩，像八卦掌一样，像形意拳一样，内功化的运动就是桩。

形意拳、八卦掌有定桩，太极拳也有定桩。实际上好多老师都讲，盘架子就是站桩，它叫作活桩。比如起势你起半个小时也可以，一分钟起势也可以，几秒钟起势也可以。有的打得很慢，太极拳慢练当中奥妙无穷，把细微的东西放大了，关键是慢中注意体会。

太极拳每个动作都是桩　刘建波演示

余功保

太极拳内功主要的锻炼方式有这么几种：一个是静坐，通过静坐来使大脑、使你的精神进入一种静谧的感受，这样就能够深切地体察人体内外的种种变化，寻找一种合理的、优化的状态。另外一种锻炼方式就是站桩，在太极拳当中比如说有无极桩、有抱球桩，还有其他各种各样的桩法，通过桩法的锻炼，起到一种把握阴阳、提挈天地的作用，使人跟自然界的交流、跟自然界的沟通得到进一步的加深，促进自我各个系统功能的提高，促进血液循环，促进内气的鼓荡充盈。

静坐是太极内功锻炼的一种方式

还有一种可以称为动桩的锻炼方法，它也是一种桩功。与站桩不同，它是一种动态的桩功，一种常用的锻炼方法就是提取太极拳的一些典型的式子来进行单一的动桩的练习。

除了这三种单独的内功的训练方法以外，另外一个最常见的练习内功的方法，就是结合着拳架的，就是行拳练习内功的方法。那么，它就要求在行拳当中要充分地运用导引、行气、意念等等的方式，把握住内外合一的原则，通过外形的引导，来达到内气的萌动，来达到固本培元、强身健体、提高技击能力的作用。

行拳练内功　白玉玺演示

李经梧是 20 世纪一位杰出的太极拳家,他是太极内功的一个重要倡导者。他在 20 世纪 80 年代初就出版了一本太极内功的图书,讲解其中的奥妙。他认为太极内功是通过意念活动与拳式结合,并配合吐纳导引的运功方法。他强调,太极内功不仅可以提高拳术的鼓荡气机和技击能力,而且有着很高的医疗保健作用。

梅墨生

李经梧老师教拳让学生必练内功,并且亲自示范,身体力行让我们体会,通过推手等方法体会内功技击的威力。老师生前还让我摸他的身上,进入太极状态是什么感觉。当我摸他的丹田的时候,整个腹部,由前面到后面命门,有大约半尺宽的一个气带。太极内功后来练到这个地方就是带脉。他说一般人的健康只要十二经脉畅通,往后如果任、督脉再通,那就已经是很健康有功夫的人了。但是他说要真正有技击的功夫,能接手,一定得有带脉功夫。所以他整个这一圈跟一般人不一样。他说一般的人只在丹田这儿有一块,后面命门或者再有一块,这两处根本就连不上。但是李老师那里我一摸,整个这是一圈,很坚实、很浑厚,但是他要一松掉,柔软如棉,没有了,他说这

李经梧太极拳势

就是运气、运功。他解释说带脉这是一圈,太极功夫所说"命意源头在腰隙,刻刻留意在腰间",关键就是命门、带脉。

李经梧老师还讲解过太极拳内功的"哼哈劲",就是在放人的瞬间,眉头、喉头,叫"喉头永不抛",他说实际上用意在神,最后太极拳是神气打人。李老师最大的一个特点,包括教拳,就是反对用招。不用招数,要太极劲打人,要用太极功夫养身。他反对用招数,更反对用笨力、本力、僵力、拙力去跟别人较劲,他说那不是太极功夫。他有时候也叹息说太极功夫已经渺而难求了,现在有

真功的人已经是少之又少了。

李经梧内功讲究练功不用招

太极拳与道家有着千丝万缕的联系，有的人甚至认为太极拳发源于道家。无论如何太极拳在理法上与道家学说有很大的相通性。道家对于内功修炼的一系列学说在太极拳中也有着充分的体现。

游玄德

道家的养生讲究内功。它的内功方法很多，比如在很早的时候就有了吐纳技术，这是道家在练内功的过程中总结出了一套生命科学的方法。太极拳也是一种内功，它也是根据道家的理论创立的。太极拳有很多要求，比如沉肩坠肘、含胸拔背、立身中正等。沉肩坠肘要求你身体结构要达到一种相对和谐。

太极拳说坠肘、沉肩、含胸，是一体化的，这个一体化解决什么问题？解决你内脏的保护和运化，如果你整个心肝脾肺肾不能达到良好的运化，你想健身保健就比较困难。所以说太极拳里面第一个要领是沉肩坠肘。

太极拳内功与道家养生理法一脉相承　游玄德演示

第二个是含胸拔背。沉肩坠肘、含胸拔背、气沉丹田、劲如抽丝、静如山岳。

当然还有很多《拳经》上的说法，比如说在《拳经》中讲"动之则分，静之则合""运劲如九曲珠"，像珠子一样，没有什么障碍。"无微不至"，就像水一样，没有哪个地方不会到达。

这个思想体系是把力学、心理学、生理学，这些学问融合在你身体里面并表达出来。所以真正做一个武术传人，做一个武术家，他需要很多学问融合在一起的，不是会打拳你就是武术家了，那只能说是一介武夫。所以对武术理论的研究和对武术技法的运用，中间要一体化。

所以我们在练习过程中，你的整个过程下来一定要到位，就像高山流水一样云雾缭绕，你这个人体就像天柱峰一样，然后山环水抱，气势腾挪，这个你做下来像一座雕塑一样，你再起，然后这个过程，是松腰、松肩、松胯，松下来的，不是手往下落，是松下来，自然地膨胀起来。而这个过程前后左右给人的感觉就是浑圆一体。这个过程中，你在转腰，不要转手，转手就错了。所以说太极拳里面讲，腰为第一主宰，这个过程转到位再抱。怀抱太极，手中间有抽丝之势，像线里面抽丝一样。你就发现所有动作都是在连绵不断当中展示出来，而且掌心含空，像龙抬头一样，走下来。这样练习才有内功。

练太极拳也是我们学做人的过程,要一身正气,给人感觉起来光明磊落,不可以有歪斜之势,前俯后仰,这都不好。往回走的过程中也是屈膝,重心后移,脚内扣再环抱。这个过程中,手还不能往前推,往前推就是错的,就缺乏了一种神韵,你必须像云雾一样,它有一个主题合上来,不是推出来,就是要合,再下。

浑圆一体　怀抱太极　游玄德演示

练太极拳要有正气感　不可歪斜　游玄德演示

然后脚步，我们注意看脚步，脚步如鹤行。很多道家人非常讲究鹤，认为有鹤的地方一定有神仙。这个鹤步很重要，我们走的过程中，这个过程很轻盈。所以脚下的动作一定要注意轻盈圆滑，脚步不可以呆滞，不可以笨拙。有些人上步上不来，有些人上的步很飘浮也不行，一下上来，这就错了，你必须走出来以后轻盈。

撤步的过程中，身体不可以前俯后仰，一定要达到立身中正，八面支撑，身体不要歪斜，要正，要重心转换。这个转换的过程中，实际上对你所有的关节起到了一个很好的保健作用，这是我们大家必须要了解的一些基本内容。所以我们一说到武当功夫，一说到国学思想，有很多东西是互相感应、交叉使用，理论指导你的动作，你的动作更好地体现理论的思想，这个才是武当功夫的真髓。你想更多地了解武当功夫，我想国学思想应该是我们重点要学习和研究的内容，这也是太极内功的一个重要方面，修内。

在传统太极拳中，内功是一个被十分强调的概念，"练拳不练功，到老一场空"，讲的就是内功。现在越来越多的练拳者也将内功作为自己研修的一个重要内容。

曹彦章

太极拳走起来以后，它不是走这个扭和僵，而要走出来都是松。人体全身有206块骨头，经络、穴位几百个，你把拳走起来，全身的关节、骨头、经脉、穴位都要配合好，并走内气，这就是太极拳的内功。

太极拳练气的方法之一就是气沉丹田，要有丹田的气。把内和外相合，有个六合的东西，内三合、外三合。人的形体各部分要合，内在的各个部分也要合，心与意合，意与气合，气与力合，这三个加起来你才能够练到你的内功。外形方面，肘与膝合，肘与足合，肩与胯合。太极拳就是太极，太极是圆的，你不能打出棱角来，走

练太极拳要内外三合　曹彦章演示

出来都是圆的，它不拘谨，打出来要沉气，松腰，抱起来就是球，出去不是直推，而是旋转的，旋出来以后，两手内和外相结合，这是太极拳的特点。

高壮飞

我们说"内功"，这是它的一个方面，我们也可以换个角度来看，我认为太极拳的"内功"，也可以说是"外功"。要注意一些所谓的"外"的因素对"内"的影响，就是说你这人处在现在的位置空间，你周围的环境状况、你周围相关联的情况对你身体内部的影响。

你的动作很多方面都是以周围状况来决定的，"环境"决定一切，这个环境是一种大环境。不是说主观的，如果是主观的，我过去练气功，我一下就想了到上海，那是你主观的意念。练内功必须要是客观的，客观就是你自己在周围的范围，每一个动作跟你的关系，这样的话，你里面动作要符合你周围的状况。比如太极推手，要运劲，人家来了一只手，这只手，它有力点，有支点，有重点，要打你哪，通过你哪打你哪，你都清楚以后，你用你的功夫才能化开，你不了解人家，你去用内功，那不行。所以"内"是要与"外"结合的。

太极推手是一种内外结合的过程　　高壮飞演示

庄子有几句话说得很深刻:"物来则应,应而不藏,故功随物去。""物来则应",就是人要根据外界环境来进行应对,人的很多行为是对周围环境的反应。比如你现在来了以后,我在这儿跟你聊天,是我和你之间的应对,假如没有人在这儿,我一个人说什么?这就是个环境问题,你提出问题,我就这么说,这叫"物来则应"。"应而不藏",你问完了以后,我回答完了,不留尾巴。如果我到家了,换了环境,还是这一套,那成精神病了。"故所以功随物去",你身上的东西里头不存在任何东西,行无自住,外头东西跟你里头各有各的一些东西,这里头有"空"的意思。所以我认为"内功"的修炼应该客观,应该适应外界环境,当然具体操作上,它有一定的功法。

忽略"外"对"内"的影响,是很多人练太极拳内功的一个弊病。

练太极内功要综合环境因素　　高壮飞演示

翟维传

武式太极拳分五层功夫。五层功夫层层递进，由着熟而渐入懂劲，由懂劲而阶及神明。也是由拳架到深层内功的过程。

武式太极拳的第一步，是招法，有动作，也有精气神，那招法还没有进入到太极拳的境界，长拳也有招，少林拳都有招法，任何一个拳都有招法。

太极拳进入懂劲以后，这是第二层，有了懂劲，你才算进了太极拳门了。进入了懂劲以后，第三个找到什么，找意念，就是找对方意念。就是在自己没动手的情况下，就知道对方的"动静""消息"了。我出手叫你走你就得走，这里面意念起很大作用，就是意念穿透他了。到了意念，这是第三层。

翟维传讲解太极内功

第四层是用气。我的评价，照武禹襄祖师情况，他已经超过气的功夫层次了，完全是以气行拳，以气变化，以气运身。

第五层是到神，精神，他是跟你一交手，对你瞪眼人就得倒，这个精神有压倒性的作用。这个说起来很玄妙，练到了才能真正体会到。武式太极拳就流传下来这五层的功夫。

余功保

在太极拳的内功锻炼当中有这么几个因素要特别注意,要非常准确地把握。一个是意念,练习太极拳内功离不开意念的运用,意念的运用是可以调动我们人体各种潜在的能量,使人体的各个部分产生一种有机的、和谐的共振,从而激发体内的能量来调动全身的活力,达到很好的练习效果。

在意念的运用当中,第一要注意纯,就是意念要保持很高的纯度,不能杂,如果意念纯度保持很高的话,那么全身的运动就会非常有序、和谐,如果意念杂乱无章,那么由意念引导的形、气等等的综合运动也会十分混乱,就达不到很好的成效。

意念运用的第二个要点,就是不能过,用意太多,在《拳论》上叫作"努",意念一努,劲力就努,气息就努,那么就会产生憋气,带来种种的不良的后果,所以在意念当中运用,应该是纯任自然、若有若无、恬淡虚无这么一种状态。

太极拳用意要恬淡虚无　吴图南演示

内功当中第二个重要的概念就是"气"，练拳离不开气，太极拳的内功更是一种行气、运气、导气的学问。

对于太极拳内功锻炼来说，练气是其最重要的概念和方法。太极拳是中国武术的内家功夫，在内家拳中精、气、神是重要的锻炼内容。

太极拳从某种角度来说，是一种内功拳，气无处不在，弥漫在拳里拳外，在各种古典拳论以及研究太极拳的文章中，练气是出现频率最高的词汇，也是最核心的锻炼要领。那么，太极拳中所说的气是指的什么呢？

高壮飞

气是太极拳内功当中的一个重要概念，也是中医里面的重要概念。在中医的传统理论著作上，比如《内经》里就讲了很多"气"。这个"气"是什么呢？中医讲那么多的"气"，核心指的是功能。说某人的心气亏，心气亏了，心跳气短，肺气虚了，咳嗽痰喘，脾气虚了，腹泻。像这一系列的问题，都说你的功能不能达到你生理上的要求，这就叫气虚了，你能够达到一定的功能了，气则是正常的。所以我们说的"气"应该是功能，如果是功能的话，像脏腑之气，也就是表述脏腑的功能。我们太极拳讲气，也是它的功能，也是一种运化，它是个整体性的。

《拳论》讲"由着熟而渐悟懂劲，由懂劲而阶及神明"，这是太极拳的内功递进层次，其实气的运化，是达到"神明"的主要基础。

太极拳内功讲究气的运化　　王培生演示

我们只有深刻领悟了太极拳练气的内涵，才能真正把握太极拳的本质。练拳就是练气，《十三式歌》中说到"变换虚实需留意，气遍身躯不少滞"。《十三式行功心解》中说"行气如九曲珠，无往不利"。

余功保

练气是太极拳当中一个重要的概念，也是它的一种思路。

太极拳借鉴了中国传统的哲学、传统中医学当中关于气的概念、气的理论，并且在拳路当中加以具体化，通过锻炼来达到一种气的升华，一种完善。气在中国哲学当中是非常复杂的一种概念，我们要想透彻地把握太极拳练气的一种要领，一种方法，也需要对中国传统哲学和医学当中的气的概念做一个比较全面的了解。

气这个概念是比较复杂的，它被赋予了多重的含义。

第一点，中国文化中把气作为天地间起始的物质，古代的学者说"源者，气也"，就认为气是世界的原始。《内经》当中讲，"人以天地之气生"，说明它把人体的产生看作是天地之气的合成，认为人最初是由气来运化产生的。

第二点，气的一个属性，是介于有形和无形之间。有形就是一种物质的气，无形我们可以了解为一种功能的气。"气聚则生，气散则死"，说明它是聚散离合的。

第三点，气是充盈于天地之间的，是无所不在的，处处都有气，事事都有气，这是它的一种思想的方法。"通天地一气尔，天地其体气之所充也"，说明气处处都在。那么，在练太极拳的整个过程当中，也应该贯穿着气的思想。

练习太极拳，气贯穿始终　杨禹廷演示

第四点，气是理、道的一种载体。大哲学家朱熹说"气之所聚，理即在焉"，说明理和道附着于气之上，气是无处不在的一种运化运行，那么理和道也随之而运行于事物之间，就是事物之间的一种运动的规律。所以我们练拳就要处处体会这种规律、这种道、这种理的存在。把握了这种道、这种理，你就能够体会出正确练气的一种方法。

第五点，气是一种生命的功能。比如说我们中医学当中的气，大多是讲这个方面的。它通过解剖学虽不能够发现，但是它又确确实实地存在，勾连着人体各个内脏、各个系统之间的生命连带的关系。气，《中医》上讲"在目为明，在耳为听"，就是说它已经具体化为生命的各个部分的一种功能。我们调节生命的功能，就通过调节气来完成，所以说你掌握了气的运动规律，你能够很好地来练气，就能够达到改善生命功能的一种作用，这是太极拳练气的一种基础观念。

通过太极拳的练习，来掌握气的运动规律

对气的认识，我们需要有一个由表及里、由浅入深的一种深化的过程，我们练气也是有一种循序渐进的方式。在太极拳练气当中应该避免的是一种虚无主义的思想，就是无从着落、片面地追求虚妄的思想。太极拳的练气是通过我们具体的动作，通过人体的意念，通过呼吸，通过导引，通过套路，通过招式等等，通过这种整体的综合性锻炼，来提高我们生命各个系统的功能。

练气是通过形练和意练两种方式来实现的，形练采用静坐、站桩等形体特殊姿态来进行练习，使人体形成一个气场循环往复。《拳论》说"气以直养而无害"。在形练气的过程当中，放松是一个很关键的要领，只有放松才能实现气敛入骨。意到气到，讲的就是练意和练气的关系，通过意念活动来练气，是一种高级的境界。通过意念来引导内气的运转，无论外形是静是动，而气则循环无端。

高壮飞

太极拳中讲"空"，它实际上就是自身内部气的运化，不是力的运化。站桩就是练这方面的，我现在还经常练站桩。意拳创始人王芗斋最早就讲站桩，这个站桩站住了以后，手心向内，手背向外，跟丹田合，眼神含着，这就是个"空"的状态，又是"实"的。"实"的是什么？就是"气"。世界万物是这样的，"物皆负阴而抱阳"，这是在《内经》里特别写到的，万物全是负阴而抱阳，"负阴而抱阳"，这句话就能够理解空的问题，还有松的问题。假如不是这样理解的话，就是说我就是空了，没了，不可能，那是虚无。我们利用哲理原则去研究太极内功，很多地方就容易理解。

太极拳的"空"就是内部气的运化　　王培生演示

太极内功练气，要做到稳、正、和　　杨振铎演示

打太极拳应该如何练气？一要稳，不可飘忽浮躁，稳则平。《拳论》说"心平气和则得"。二要正，气正则人正，人正则拳正。《拳论》说"四体从心而运，百骸皆悦顺从，而要皆以乾坤正气行之，以浩然之气行之，无往不移"。三要和，和畅、顺达。《拳论》说"一气运行，绝不停留，纯是浩气流转于周身，势不可遏"。

高壮飞

太极内功中还有个"沉浮"的东西，它也是气运化的结果。比如我们说身体的沉浮，往这儿一站，我有一种下沉的感觉，同时有一个浮的东西。我有一章文章写的就是说，太极拳跟内经的气的关系，人气、地气、天气之间的关系，天气之下为人气，人气之下为地气，人为气交之所，也就是说我们在丹田这个地方，上有天气下来，地下地气，天人合一就是气合，气合就产生能量。练太极拳，我们在空间的一个动作，就是实体的一种变化，带来气的沉浮的变化。沉浮就是气运的一种状态，处理好这个状态的平衡关系，就是内功的方法。

太极拳内功的奥秘

太极拳中有沉浮之势　杨禹廷演示

练太极拳实现气运身、气润身　张勇涛演示

余功保

内功在气上面有两条根本的目的，第一是通过内功的锻炼，使内气更加饱满，更加充盈。所以，在练习内功过程当中，"养气"是一个非常重要的概念，就是气宜养不易耗，凡是能够带来种种耗气的练习方法，都应该摒弃。

练气当中第二个要点，就是行气。气通过练习得到充盈饱满以后，它应该在全身进行非常合理有序地周流，这样通过气带动全身，这也就是所谓的气运身、气润身，"运"就是"运化"的"运"，"润"就是"滋润"的"润"。通过气运身、气润身来真正变成滋养我们人体生命功能的这种物质，这种作用，这种能量。

高壮飞

气的问题，要做到"气运身"，它是内功锻炼的一个基础。这个气它本身是一种功能，气运身就是让它带动全身功能的正常发挥。要运身，就不能是随便地憋点儿气，或者用点儿力来打这个拳架，而是要用意念，要走经络，动作上面要，上下相随。左右是相连的，内外是相和的，都要达到。内外相合，左右相连，上下相随，达到这三个要求。实现了这三点，就实现了自身功能强大，在技击上也具有威力。太极拳论说"上下相随人难进"，就是这个意思。

内外相合、左右相连、上下相随是太极拳气运身的拳势基础　　王培生演示

呼吸是太极拳练气的一个方面，如何认识练拳与呼吸的关系，并在具体行拳中处理好拳势与呼吸的关系，也是太极拳内功锻炼需要关注的一点。

余功保

在太极拳内功锻炼当中，经常涉及的还有一个概念就是呼吸。呼吸是人体的一种自然的正常的功能，在练拳当中，有的拳家主张应该纯任自然地呼吸，就是不要过分地拘泥于呼吸、过分地关注于呼吸，你只要拳架按照要领练习正确，呼吸自然也正确。

还有的拳家认为，也可以通过有意识的动作导引，结合着意念来调节呼吸，这个在中国传统内功锻炼当中，专门把这种方法叫作"吐纳"。在太极拳当中也有专门的吐纳练习法，比如说结合着拳势的开合、进退，这些练习的形态配合着呼吸。也有的把呼吸和拳架作为两条平行的并轨的要领，拳架自自然然地打，呼吸也自自然然地进行，这种并轨式的练习，也在一些练习者当中受到推崇。

翟维传

武式太极拳讲究的是腹式呼吸，它不是用你的胸式呼吸。胸式呼吸是为了生存，没练拳的人用的是胸式呼吸。腹式的呼吸，要发挥小腹丹田的作用，就是小腹的呼吸，另一个叫法是"逆呼吸"。呼吸循环过程中，气一半沉入丹田，一半出去。

我现在经常还在练桩功，有站桩，还有活步的桩功。要想上功夫，必须先练活步桩功。活步桩功起一个什么作用？最主要是增强圆活性，练太极必须圆活，全身的运转要圆活，这个圈要转圆，不管怎么转，这个圈是个圆的，因为太极是一个圆，太极就是一个圆。做到了身体的圆活，内气才能圆活，圆转有活力。

武式太极拳用的是腹式呼吸

翟维传在邯郸国际太极拳交流大会上讲解太极拳圆活之功

有人练拳没有达到圆活，就出现了凸凹，这就是太极之病。塌陷了，不连续了，那都是一种病态。一看，练的拳没有神，所以说要圆活，你必须做到处处都圆活，这个味道才对。

太极拳要处处圆活　翟维传演示

外动圆活,内行圆活,内力和肢体的结合,得到内外相合,这就是有的人说的太极拳意气圈的形成。在合的情况下,通过含胸,气运命门、丹田、尾闾,通过跟身体里面形成反弹力,蹬上提劲,通过腿、腰、脊背,发于手指,它形成一个圈,每一个姿势,每一个劲力,都形成一个圈,整个身体的圈,里面又套有很多小圈,我给它起名叫意气圈。这就是意气圈的形成。

太极拳形成意气圈　翟维传演示

意气圈形成了,内外都能结合上来。我们在外头教拳,他们感觉这么练太极拳好,很多人就愿意学,气感上得快,用不了两三天就有明显感觉。手上胀、热、麻,气感就出来,很快。比如说一出手,转过来肌肉我手就热了。有的人练的方法不对,练了一早晨,一摸他手冰凉,那就是意念、气血上不去。意念上不去,你气就上不去,气上不去,就是你的力就上不去,就没有内功。

在每一个动作里面,含有闭息,这个原来都是秘而不传的东西。闭息在每一个动作里都可以有。闭息就是不吸气。我这一吸气,比如对方一推,我用劲一走对方,再一合,在合力情况下,合上,我就要闭息了,合到底了,收缩收缩一起了，它才往外有个膨胀劲，通过这个意气沉于这地方了，劲沉足了，一动，这个劲就出来了。

高壮飞

呼吸对于我们人来说是一项基本的功能，在太极拳内功锻炼中也经常涉及到。很多人自觉不自觉地就会把呼吸和运劲结合起来，比如常说，一使劲，我这气很足，或者憋气了。这里说的气完全是指呼吸的气，但是它包括了呼吸之气。

太极拳与动作的配合是要注意呼吸之气的，不能强努。但还有一些运化之气，比如一些拳论中讲"气沉丹田"的问题，也是说怎么样来运化我们的呼吸跟我们身体的关系。

有人把呼吸跟动作有一个固定的搭配，什么样的动作是呼，什么样的动作是吸，也是一种锻炼方法。比如有人讲往回收的势子是吸气，向外发的势子是呼气，这也算一种方式。

高壮飞太极拳势

中国传统内功中还有一些关于呼吸的特别方法，比如古人有一句话"常人之吸在喉"，就是用嗓子来呼吸，"真人之吸在踵"，叫"踵息"，强调脚跟对于呼吸的作用。用"踵息"的话，就说明脚跟是我们人身的根，我们用脚跟来影响到我们的呼吸作用，那恰恰是产生一种作用力和反作用力。另外还有胎息等方式。

祝大彤

太极拳的内功锻炼是什么？就是用内功的要领、标准、思维来练拳。最核心的我总结为"九松十要一虚灵"。松静为本，不要执著。

其中重要的有一点，我强调一下，就是千万不要气沉丹田。这是我一家之言，因为讲气沉丹田的人很多，所以我觉得有必要说明。大家可以到医学家那里去问问，也自己多研究、思考一下，不要简单地盲从。

练太极拳气遍身躯不稍滞　祝大彤演示

人的气是在身上流动，"气遍身躯不稍滞"，《拳论》上专门讲了这句话。什么叫不稍滞？得流畅自如。你一气沉丹田，就"滞"了，就淤气了，气在局部，不能很好地运转全身。很多太极拳的老前辈，也不大提倡气沉丹田，或者开始提倡，后来就不说了，因为你只要一沉丹田你就出病。我认为"气沉丹田"这是一个大误区。传统拳论强调"气遍身躯不稍滞"，人就怕"滞"，人就怕阻，就怕淤，一淤阻一滞就得病，这样练的功夫越长，出的问题越大。

太极拳的练气是一个全面性的原则，无论是技击还是养生，练气都是相当重要的。气若不正，则拳功难以大成。如果我们把练气贯穿在练拳的每个细节，那么一举动周身自然轻灵，每一拳势皆充满气感，练拳则趣味昂然，成效也就自然卓然了。

阮纪正

用意，调气，调形，这些是太极拳内功的必然程序。形正气就盛，气盛神就宁。我们练拳的时候，有时往往存在几种表现，表演作秀的时候，形不正气不顺，气不顺神不宁，神不宁心就不安。整个中国文化要求个心安，心安才能理得，而心安不仅仅是外在的，还讲究你自身内部的调整，包括你一些理念，包括你一些追求。能不能安定下来，不是一个方面来说的，因为有很多外界作用，外面的很多因素都有影响。对于练太极拳来说，形正是基础，通过形正去求气盛，气盛求到神宁。所以太极拳的中正安舒实际是太极内功最根基的要领。

练太极拳首先要形正　　马虹演示

太极拳内功的奥秘

余功保

在太极拳的内功锻炼当中,有一点我们要注意的,就是要摒弃玄虚的、虚无的思想和做法。要避免把太极拳内功说得玄乎其玄、神乎其神,脱离人的生命的物质基础,漫无边际,甚至故弄玄虚等等。这实际上也是那些并不真正懂得太极内功的人信口开河,不懂装懂之举。

太极拳内功是一项科学的系统的锻炼工程,它与拳架互为一体又互为补充。

太极拳内功是一项科学的系统锻炼工程

太极拳技击的奥秘

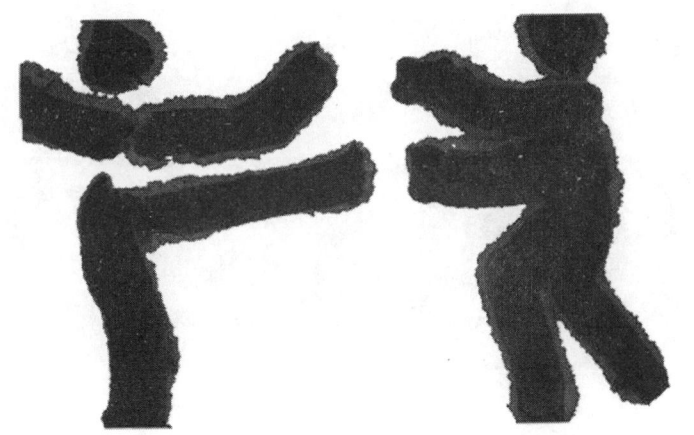

技击是武术的本质特性，中国功夫在古代社会最核心的使用功能就是技击。千百年来武术的发展历程中，技击始终是一条主线。从流传至今的古代画像汉砖等文物中，我们最早看到武术图像就是关于技击的内容。

作为一种武术，技击始终是太极拳的灵魂，太极拳的发展也与它突出的技击效果分不开。在太极拳传播的进程中，流传有很多神奇的技击传说。当年杨露禅父子进北京，太极拳尚不为人知，挑战者络绎不绝。他们凭借高超的技击功夫打下一片天地，赢得了"杨无敌"的称誉。

太极巨匠陈发科，20世纪30年代进京教拳。在许多名家眼里这位河南农民不足为奇，但通过交手比武，均大为折服，为陈式太极拳的推广发挥了重要作用。

太极拳的技击往往被蒙上一层神秘的色彩。这种看起来软绵绵的拳术，为何能在交手中发挥出那么巨大的威力，产生应者立仆的效果呢？

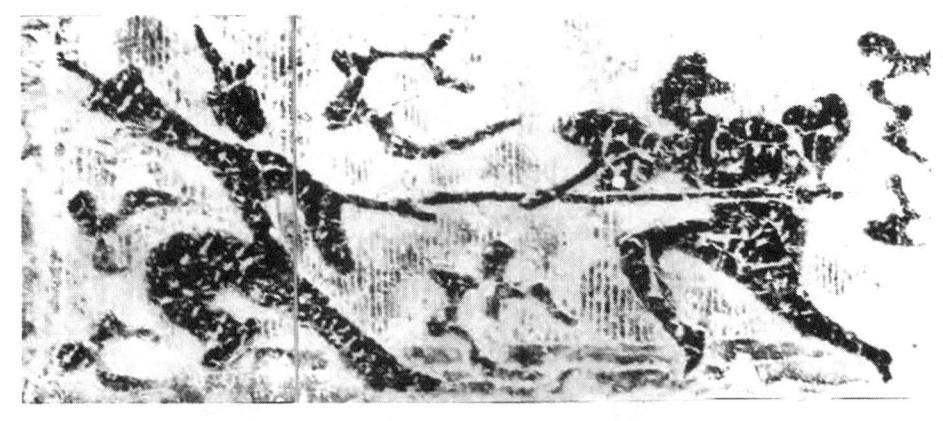

古代画像汉砖中的技击图像

阮纪正

太极拳作为一种武术拳种，它没有办法回避技击问题。现在很多人对技击的理解恐怕是过于狭隘了。在中国文化里面技击的本质应该是一个现实的应对。它用来解决主体和客体的关系，这一种主体应对，不但可以应付外来的各种客体的变化，同样也可应对自身内部的一些变化。所以，强身健体、祛病延年的功能，跟防身御敌、智能取胜的功能，既有矛盾的方面，也有完全相通的方面。比如说中医，用药如用兵，它的对象、它要解决哪个敌手，和太极拳推手的阴阳关系，在原理上有很大类似性。

余功保

太极拳的技击，它不是一种简单的力的运用，而是一种充满了智慧、思维、体能、劲力的变化的综合性的运动。所以我们所看到的太极拳的技击，或者说我们概念当中太极拳的技击，它充满了变化，包括自身的变化，要调动对方的变化，以及周围环境的变化。它不是一种简单的力搏，这样它就为以弱胜强、以小力胜大力提供了可能。这也是太极拳的技击魅力所在。

太极拳的技击可以说是一个复杂的系统工程，它始终是处理各种矛盾的变化、矛盾的转化以及矛盾的作用，它所调动的并非是单一的因素，而是有很多复杂因素的复合体。它所强调的是一种巧，一种智慧的特征。

太极拳的技击是智慧性的综合过程　　陈正雷演示

太极拳的技击讲究自我潜能的发挥，以敌我双方为一个系统，以阴阳变化规律为依据，动态处理系统的平衡，从而获得最大化的技击能力。

它的技击要领要求很多，主要的几个突出特点为：舍己从人、以柔克刚、四两拨千斤、引进落空。

阮纪正

太极拳的技击原则就是以弱对强。这种以弱对强，它采取的办法也就是以柔克刚、以守为攻、后发先至、借力打力、避实击虚，打得赢了打、打不赢就走，走是为了打，是这么一整套东西。

它的基本结构，我的理解有三个层面：第一个层面，从形态来讲，它和所有的技击方法一样运用了攻守进退。攻守进退，它突出的是以守为攻，以退为进。走是为了打，采取这么一种运动战的方式。作为内在来讲，就是虚实刚柔，实际上是讲技击力量的配置。太极拳固然是个叫作"用意不用力"的功夫，但问题在于，不用力说明你主观上不要用蛮力，不等于客观上不耗能。任何应对，既然是一种物质性的活动，它总要耗能，这就涉及到力量配置的问题。

因此第二个层面就是力量配置问题，怎么分散？怎么集中？如何从分散到集中？你可以从毛泽东的战法里面学习到很多这方面的东西。发动分散的群众集中以应对敌人就是一种从分散到集中的过程。分散有敌我双方的分散，敌人打我的时候，我要想办法把他力量分散掉，不但我自己的力量要分散掉，敌人的力量也要把它分散掉。集中应付敌人，我在对付敌方的时候，只要拿住他的劲，我就集中全力，不但整合自身内外各个部分的力量，而且整合敌我双方的力量，而且还要整合环境的力量。这一种力量配制的特点，就是运动战的特点。

太极拳技击攻守进退大有玄机　　阮纪正演示

太极拳的技击中蕴含着有无相生的道理　　阮纪正演示

还有第三个层面，就是哲学上的阴阳有无的问题。就是说明你的指导思想，你的理念。太极拳基本上价值取向是道家的，所以它有很多的思维方式都是反向的，反向思维、手虚手进、用反，从反面着力。太极拳以弱对强、以柔克刚可能性在哪里？可能在任何力量都是可以分析、分解的。假定你是两百斤力，我比不过你，但问题在于你两百斤力是分散在身上各个方面的。按照《孙子兵法》说法："备前则寡后，备左则寡右，无所不备，则无所不寡。"前面设防，后面空虚，左面设防，右面空虚，全面设防，全面空虚。再强大的敌人都是可以分析的，再强大的敌人都是有空隙的。

假如说我是一百斤力比不上你两百斤力，但假如我这一百斤力能够集中起来应对你已经分散了的那两百斤力，你在具体某一个点上，恐怕两斤力都没有，我同样可以取胜。这种取胜的关键在哪里？关键显然不在于力量本身，而在于力量的运用。力量本身和力量运用完全是两个概念，我们很多人在理念上把它混为一体。太极拳力量运用的秘密在哪里呢？运用之妙存乎于心，你为什么能够下这个正确的决心呢？这种正确决心来源于正确的判断，正确的判断来源于周密和必要的侦察手段。

太极拳之所以能够以柔克刚、以静待动、以小制大、以弱对强，关键在于"人不知我，我独知人。英雄所向无敌，盖皆由此而及也"！在于了解敌情。双方在对抗，你在侦察我，我在侦察你。双方既有自我隐蔽的意图，但是也有暴露出

以高超的听劲为基础的高水平太极拳技击具有独特的应对结构　阮纪正演示

来的一些痕迹。你要做好的就是怎么样能够把握住敌人的敌情，把握住敌人的真实的信息。必要有缜密的侦察手段，一般是眼观六路，耳听八方。个人对抗里面主要靠观察，眼睛获得的信息是最丰富的，另外耳朵作为辅助，听各种不同的声响。但这还是不够的，因为眼睛和耳朵作为一个感应器，它没有应对能力，感应器所获得的敌手信息通过一系列的信息变换传导到大脑，通过大脑综合处理再传导出来，通过效应器，比如通过手、通过脚才进行应对。这么一个转换的过程，时间就慢了。

太极拳发展出一种比较独特的听劲。听劲，是以皮肤触觉为主体、为切入点的一种本体感觉，它是整体性的，它是身心合一的。它有抗打击能力，也有应对能力。两个人一搭手，马上可以判断出你力量大小、方向角度，给你一个合力，给你一个分力，加上一个力偶，就可以把你的力量化解掉。你纵有千斤之力，但你打到我身上，我只要转移一个力点，你的力量就全都落空。

所以说太极拳之所以能够以柔克刚，能够以小制大、以静代动、以弱对强，关键就在于掌握敌情，在于信息的把握和运用。这一点也是跟现代社会、跟信息社会非常吻合的。

太极拳技击绝对不应该把它理解为简单的体力对抗，它的出发点不能是如何先去消灭敌人，而是首先想到怎么保持自己的有生力量，这关乎到一个可持续的问题。所以说太极拳技击对我们现在的可持续发展战略也有很大的启发意义。

太极拳的技击特点，不同流派里面也发展出一些很不一样的风格，陈式、杨式、吴式、孙式、武式，都有自己的应对风格，但是它的基本原则都是一样的，都通过了阴阳虚实的变化。

　　使对方打我不倒，摸我不着，也就是你打你的，我打我的，你有你一套打法，我也有我一套打法，打得赢就打，打不赢就走。走不是逃跑，不是投降，走是为了打，打又要运用走。所以太极拳上面叫"粘就是走，走就是粘"。"粘"就是捆绑住敌人，控制住敌人。"走"，它不是逃避，是化解对方的锋芒。通过"粘"和"走"这两大战略的变化，来达到以柔克刚的目的，这就是我大概理解太极拳的一个最基本的技击特点。

各流派太极拳技击的基本原则是一致的　李益春、周毕文演示

粘走是太极拳技击的重要功夫　翁福麒演示

"舍己从人"是以静制动的高级境界,将我化虚,以敌为实,变被动为主动,以不变应万变。舍掉一切束缚、羁绊因素,加诸敌身,从容应对,把握先机。

乔松茂

太极拳技击,有的人强调"舍己从人",有的人说是"粘走"。《太极拳论》中有两句话,人们往往把它分开来理解,就是说"人刚我柔谓之走",但是忽略了第二句,"我顺人背为之粘"。就是说你在柔化的同时,必须你是顺,对方是背,所以在这个前提下,太极拳的技击威力就能最大程度地发挥出来了。

我举一个例子,两人在搭手当中,对方劲过来了,如果我光注意第一句"人刚我柔",他就顺着进来了。这等于你是完全娱乐性的,而不是功夫上的。"人刚我柔谓之走",同时"我顺人背就是粘","粘"即是"走","走"即是"粘",就是刚柔要相济,都存在一个体中。就是说他用劲,整个都是在一个"粘走"上面,而不是单纯的人刚我柔,这是传统太极拳的讲究。始终是对方一进我就一拽,我这必须顺,对方必须背,这就是用一个体现形式来说明它的一些《拳论》。所以不是刚的,也不是柔的,而是刚柔相济。《拳论》中也说"刚柔相济方为懂劲",防身是后发先至的这么一个战略思想,它不是先发制人,它是后发先制,是内家拳这样一种最典型的体现。

太极技击刚柔相济

后发先至的要诀是什么呢？不是说对方一拳一来，我马上就接，就反击，或者我先下手。而是对方把自己按住以后，或者是进来了时的反应。有一句拳谚作"彼不动，己不动，彼微动，己先动"。别人不动你不动，别人动了你先动，到底还是你先动了。它实际有一个内涵在里面，"彼不动，己不动"这好理解，但是他不动的前提，是双方在肢体上接触的。"彼微动"就是对方的意念，那个内劲将要动的时候，你这个内劲，运劲如百炼钢，劲起于脚跟、主宰腰间、施于两膊、行于手指的内劲先达到的，以摧枯拉朽之势打击对方，它是这么一个特色。

太极技击后发先至

所以它的特点是防守进攻一体化的意识，打的是心理战，打的是后发先至，打的是一种比较科学的战略。就是我等你都用足了，你的力量、你的意识、你的心理状态都达到你的满足的前提下，我再发出。

"以柔克刚"是不尚蛮力、僵力，将对方的刚强转化为他的被动，从而打击对方，这是一种"以彼之力加诸彼身"的功夫。

祝大彤

太极推手很多人认识上有误区，也可以说是一种意识的误导。都在谈劲的大小，如何用劲等，但我们太极拳是提倡用意，不是用劲。你推来推去是长劲了，你推我，我推你，谁的力大，就把这个力小的推出去了，但这样发展下去是不符合太极拳发展特性的。什么是"以柔克刚"？最柔的是"意"，比任何力都柔。太极拳技击就是要善于运用"意"，来调动对方，把对方的劲转化成打击他自身的力量，这种"转化"的功夫是太极技击的要诀。

祝大彤演示太极技击

"四两拨千斤"就是小力胜大力，通过察机察势，实现得机得势，抓住主要关窍，抓住核心点，起到牵一发动全身的作用。

乔松茂

搭住手时候，手不要来回动。有的人搭住手来回摸摸索索地动，不对，那样劲、意就散了。接好劲了以后，要轻，要干净，这接好劲了以后就打，当对方来劲了以后，就把他劲根拔起来，上下一体，从脚尖到手，整体运作，他一来劲你就一合一含蓄，对方就起来了。

这就体现了"运劲如百炼钢，何坚不摧"这么一个效果。为什么能达到这样效果？就是要有一个"知己"的功夫，这种功夫是通过走架的锻炼获得的。"行气如九曲珠，无微不到"，走架的当中重点要培养的是知己功夫，练到一定程度，知人功夫达到一定程度的时候，"运劲如百炼钢，何坚不摧"，这种摧枯拉朽的效果在一刹那之间就能实现了。我们在广府练太极拳，前辈们教我们的时候把这叫作"一桩生子"，内劲、内气，你几十年练的这种纯功"一桩生子"爆发出这种能量，作用于对方的力点，产生打击对方的效果。这也是"四两拨千斤"。它是牵动四两，是自己周身一体，打击对方的劲根，达到了牵动全局的目的。

乔松茂走架行功 1，2，3

"引进落空"是太极拳极具特色的一个技击特征，让对方进攻的威力化为无形，以我之虚应对敌方之实，使其无从着落，产生踏空、悬空、扑空的感觉，更生出一种恐惧感，我便轻易击溃之。

太极拳的这些技击特点，在实际运用中是综合体现的，在对敌时以不变应万变，以万变归自然。

钟振山

太极拳的技击出发点就是为了自卫，所以它就站在弱者的立场上，在处于弱势，在守势的时候击败对方。因此制定了一个"引进落空"，牵动"四两拨千斤"，再一个"舍己从人"，就是借力打人，这么一种战略原则。

钟振山太极拳势

它的技击特点就是"以柔克刚""以静制动"。所谓的"以静制动"也就是在你的心静、虚静，在身体放松的情况下，当对方用刚劲进攻你的时候，你就以柔劲来走化。"人刚我柔谓之走"，就是别人用刚劲来击打你，你用柔劲来走化他，用柔劲把他的劲头给他带开，离开他本人的中心和重心。

但是走化只是把对方的劲走掉，光走掉对方的劲是远远不够的，必须要"粘衣"，所谓的"粘衣"就是走化的时候随曲就伸，不丢不顶。在走化的同时，粘住对方的劲，从简单的走、被动的走，加上了"粘衣"就变为了主动，在对方不得势的时候控制住对方。所以说"走"与"粘"是不可分开的。所以说"粘"即是"走"，"走"即是"粘"。

但是光"走"和"粘"，还没有达到技击最后的效果，只是把对方的劲给化掉，虽然制住了对方，但还没有把对方打出去。所以"柔"就要求"柔到极点"。"柔"同时是一个"虚"，就是"虚静"，在走化劲的同时逐渐地在虚自己的劲，把劲虚到一定程度就变为刚，实现了"刚柔相济"。极柔者极坚刚。就是柔的越狠越坚刚，这样当对方失势的同

极柔软极坚刚　姚继祖演示

时，你的劲力就非常充足，就达到了质的变化，就可以把对方击出去。

也就是说凡是"柔""静"，它就要有走化。走化它就是喂，是个手段，但是击、打是目的。就是走化开对方的劲，把对方发出去，这是目的。所以说随曲就伸、引进落空，这都是一个手段。

武式太极拳在技击训练中非常突出的是开始的两个姿势，就是"左右揽扎衣"。对这个势子要高度重视。武式太极拳，它的动作比较简练、简洁，"懒扎衣"这个动作外形也不复杂，杨式太极中叫作"揽雀尾"，起码有四个动作，"掤，捋，挤，按"。武式太极拳懒扎衣看起来就只是一个动作，但这一个动作中内含八个动作。掤捋挤按都在其中了。

钟振山演示武式太极拳懒扎衣

"引进落空"也都可以在懒扎衣这一势中实现，这就是"引"。对方如果劲大，一带，就引过来，引过来的时候前手引，后手保护。引到对方劲小的时候，一发，对方就出去了，就是让他空了，就可以击打他。

武式太极的拳架动作比较小，在技击应用上外形也比较小。无论是走化，还是进攻，它不需要动作很大。所以有时候一碰臂，就出去，就在这一点，劲过来的时候他这个点，就走化，就化掉，就出去，准确、干净，动作很小。动作大了就散了。

钟振山太极拳势　小中见大

太极拳的以弱胜强，尽管充满着神秘的色彩，其实这都是通过正确的训练，调动人体的潜能来达到的。

乔松茂

太极拳要练内功，内功对于技击很重要。过去练太极拳要有大周天运行，大周天要练动，也要练静。从大周天练习还要归到小周天，归到丹田。归到丹田干什么？除了养生还要发挥技击功效。太极拳要求内动大于外动，为什么武式太极拳是这样的身法，就是要有内。比如说一个简单的起式，技击作用就很大，对方来打我，往往我一个起势就给他划掉了，用的就是内功。

推手是太极拳技击的重要表现形式和训练方法，通过推手的练习可以综合运用太极拳的各种技法和劲力。太极推手的基本形式有三

乔松茂练习太极内功

种：定步推手、活步推手和散推手。定步推手是两人在推手过程中脚步固定不移动的推手方式，空间移动虽然不大，但对基本功的要求更高；活步推手是脚步可以移动的推手方式，它的活动范围更大，技术的运用更加灵活。在定步推手和活步推手中，不管脚下如何变化，双手始终是相搭的；散推手则在双脚、双手上更加灵活、随意，可以分开，其进、退、闪、展的余地更大，是太极拳推手难度最大、技能要求最高的推手方式，也体现了太极推手功夫的综合运用。

祝大彤

平衡是太极推手的一个核心理论，很多老师都说，保持自己的平衡，破坏对方的平衡。过去我问了很多老师，跟他们探讨，我说怎么样保持自己平衡去破坏对方的平衡呢？我没有得到满意的答复，所以我就自己下工夫研究这个问题了，后来我把它破译了，我总结为一句话，叫"改变自身的重心状态"。这个我个人认为，是说明了推手的一个重大的理论问题。

祝大彤太极拳势

你两个脚腕都很有力,你别去推手,没经过内功训练,如果就这样去推,推手以后你就习惯只能凭你的本力和招,本力和招是没有什么前途的,它也不是太极拳。你要把你的重心状态改一改,把你重心状态一改,他扶着你,你一溜臀他就完了。为什么完?他摸不着你,他失去了平衡。

当然具体运用上有很多手法、方法。我提出了"九松""十要""一虚灵",我们有20个手段。什么叫改变自身重心状态?我举个非常简单的例子,这儿有一个水瓶,你来拿,我不动它,它就在那儿,你很容易就把它拿起来了,不费劲,它的重心状态没有改变。你再来拿它,你冲它原来的位置去,我中途插进来,在你之前把它提走,你冲原来的位置去的,你拿到了吗?这回没拿到,我把它中心位置改变,对你有影响了吗?应该说你跟丢了,这就叫改变自身的重心状态。这个例子很简单,但道理跟太极拳推手一样。那么这有什么意义呢?我一说四个理论,你要拿这瓶子,你首先你看见了,是不是?你看见这瓶子以后,同时你的中枢神经也看见了,你的视线、中枢神经在这儿了,你要拿瓶子你就得量了,你得量一下我在这儿有一米多,我得往前走,我走两步,我来拿这瓶子,没有远处够着拿的。这就是太极拳推手的重要原理。还有两个理论,必须重心合适,我要在这儿拿这瓶子,我得过来拿,这椅子在这儿,我看见了,我得量一下步,我看见我得迈一步,再迈两步,好,我再坐下,这叫重心,那么拿这瓶子叫什么呀?叫接触点,接触了。

祝大彤太极推手

所以在这种情况下，四个理论缺一不可。那么你推手的时候，你跟人一接触，一接触以后你都没量好，也没看好，过去就推，你能不趴下吗？所以咱说理论问题就是，要改变你的重心状态，对方就推不着你了。

太极推手的关键在劲力，最基本也是最核心的劲力有八种，也称为推手八法，分别为掤、捋、挤、按、采、挒、肘、靠。劲法的运用是提高太极拳技击能力的一个重要因素。在技击过程中，劲力的完整过程，包括蓄劲、运劲、化劲、接劲等各个环节。只有善于运用劲力，太极技击功夫才能达到很高水平。

杨书太

太极推手，两人手一搭，不是谁力量大就能把对方推出去，而是用内劲。内劲是灌注在两手臂上的。和对方一搭手，运用内劲，配合一定的身法，要转起来，调动对方重心，到了适当位置，一发劲，对方就出去了。

打人要有阴阳相递，动作上有开合，劲力上也有开合，阴阳互换，虚实互换。这个阴阳相递很有讲究，就是劲力的传导。劲力传导越自如，打人越干脆。

杨书太太极拳势

翟维传

太极拳中讲"蓄劲如张弓",是说自己的,说自己身体形成五张弓,两个手、两个腿、一个腰劲,这是五张弓。

太极拳蓄劲如张弓　翟维传演示

五张弓是以腰劲为主,因为太极拳上说以腰劲为主宰,以腰劲这一张为主,一弓动,四弓动,一弓合四弓合,一弓开四弓开,这四弓都要结合这一弓,听主弓的调遣。

太极拳又讲"发劲如放箭",这也有一个时机问题。你把弓张开以后,它在发劲的时候,在形成弓以后,跟对方的状态也有关系,就是对方连没连到你弓上,连到你弓上了,你才能把对方发出去,对方要连不到你弓上,你怎么能推对方啊?

再一个重要问题,你这一弓,一开弓的时候,是不是让对方失控,使对方拔跟,能不能引进落空。如果不能拔跟,对方稳稳在那儿一站,你来推我,都是一百多斤,谁能推动谁?那不就费劲了。都知道这个太极拳有运劲、借力的问题,但关键是怎么用。就是必须在蓄劲如张弓的同时,要做到使对方失控、拔跟、落空,这样才可以借对方力,推过这个五弓一发,再把对方打出去。太极拳就是求它的技巧,求它的奥妙,有了技巧、奥妙,你才能引劲落空、借力打力,才可以胜利。

太极拳技击的奥秘

翟维传与老师姚继祖太极推手

太极拳技击到了高级境界，完全是神、意、气的运用，全身形体上达到无碍无滞的程度，随处可粘，随处可发，处处是实，又处处为虚，此所谓全身通透的境地。

祝大彤

我们认为，太极拳最根本的一条，就是减法，"空"是什么呢？没有了不就是减法吗？减没有了，等于零了。

接触点要空，比如说他手推我这儿了，这就是接触点，推这儿叫接触点，反正他手在那儿就叫接触点，接触点要退去力点，没有力点，没有力点他推什么，他摸不着力点，身体不是一根棍，没有力点了，他就无从下手。

祝大彤太极拳势

109

喜欢推手的朋友要注意研究推手理论，不要挂力，千万不要挂力，有人提出来，没力不就趴下了吗？不可能，你松开了，你站得更牢靠。

太极拳技击的功夫和技巧，是要在充分领悟太极拳技术要领的基础上，通过长期的套路练习和推手训练获得的。

太极拳技击和套路的关系是体和用的关系，套路为体，技击为用，正确的练习套路是技击的基础。

吴忍堂

太极拳技击水平的提高是从拳架里边来检验和体现的，不能离开拳架而练成。作为一个太极拳的搏击者，如果你不会练太极拳，那你绝对打不出太极拳的搏击实质来，你只能倾向于现在一般的摔跤、拼死力的做法。要提高太极拳搏击技艺，那就必须从拳架着手，只有练好拳架，从拳架的听劲来做起，训练出独特的太极技击功夫。

太极拳与人交手时要注重两点：重心与中心，这是两个区别。中心，就是人体的中心；重心，是人中部往下的这个重心。中心调整与重心调整是不同的，那么手臂旋展是手出挂一中心，是指的体中间，而重心移是指的重心移动，是力学的运用。

吴忍堂太极拳势

搏击不是使用蛮劲东西,它有技术与技巧的综合应用。这个技术,是你从拳架里边来学习、体现的,你拳架怎么练的,在应用中就会这样来使用。如果你拳架练不到,在搏击、推手里边你也用不出来。技巧是一种综合的应用,在招法的基础上提高你应变能力,包括掌握自身的平衡,以及虚实的变换,阴阳转换和脚步、步法、腿法、身法、手法等各种使用能力。也就是五行为纲,八法为先锋,五行与八法的有机结合,才能深入搏击技艺的研究。

吴忍堂演示太极技击

张耀忠

两个人搭手,你推手不要总想推人家,你要想推扔,就是贪功,一贪功就伤气,对健康不利。怎么办呢?自己的手给自己的脚说话,这个气不外散,是圆的,不管他怎么来手,就是我这个手老是跟我这个脚说着话呢,不是推他的,我是我的手找我的脚的,这就是浑元了,你动不了我。

再就是"上下相随人难进",什么是上?手是上脚是下,刻刻留意,手不离脚,不管怎么动我的手总是跟我的脚呼应。你就是不管,我这么老大人站在这儿,你什么都看不见,你就是看见你的脚了。你推手如果这样推,对方就打不进来。不管你怎么样,我的手总是跟我的脚呼应,咱们打拳的时候就是这么打,这是跟后脚说话。一搭劲跟前脚说话。这个右手再从前脚脚后跟、脚外侧、脚小趾、脚大趾,到了脚大趾再返回来,再找一个脚,再找这个脚,我这个手围绕着我这个前脚化了一个圈,到这个脚大趾,再到这个脚大趾,再从这个脚小趾、脚外侧、脚后跟这么过来,围绕这个脚,画圈。不要小看这个圈,作用很大。

张耀忠讲解太极技击

王海洲

太极技击几个要领，屈、长，阴阳和合。就是屈下去，长上去，阴阳互相配合。这些全在拳架上，架子要练好，什么都在拳架里面。

王海洲太极拳势

练习架子随时随地都能应急缓。假设在路上碰见紧急的情况，它随时都可以发挥，并非一定在推手这个程序来做。

高壮飞

推手的时候从头到脚每一处，都要从采、挒、肘、靠、化、拿、发、打、粘、连、黏、随这些方面去体会全身的动作。这种体会细致了，再反映到你的架子上来以后，它东西就不一样了。因为什么？架子是自己一个人练，推手是两个人的事儿。所以叫拳架为体，推手为用，体用结合，它结合的时候就是用推手的方式反映到架子上来，用架子的方法反映到推手上来。这是很有意思的一种练习，这是太极拳的特点。

高壮飞太极拳势

乔松茂

搭手即是走架，走架即是搭手。就是说，你在走架当中是什么样的，你在搭手训练中，以至到最后完善，已达随心所欲当中它就是什么样子。

走架是知己功夫，搭手是知人功夫，知己功夫来提高搭手的战斗，这是自己的基础。

乔松茂太极拳式

太极拳的技击根源还在于太极拳的基本理法，无论外在形势如何千变万化，它所依据的仍然是和套路一样的阴阳互动规律，把握了人体阴阳变化，才能深刻体会太极拳技击的奥秘。

高壮飞

太极拳既有科学性，又有哲理性，是这两方面的有机结合。练好太极，就要很好地理解拳理拳法，我认为，如果你对"太极"这两个字的认识不深入，你不会练好太极拳。

太极是什么？是无极，无极生有极，有极生两仪，两仪生四象，四象生八卦。但是这有极是什么？就是分了虚实了，分内外了。那无极是什么？无极是那个圆圈圈，就是一个空的。现在我们在科学来讲，凡是事物，不管什么事物，都有物体，都有场，这个场我们就认为是无极，事物本身就是有极。从太极拳来讲的话，用无极来影响了有极，有极再反应到无极，这是个来回的转换。我们认为在练太极拳中，要体会这样一个特别的要素。

高壮飞太极拳势

阴阳虚实是一个问题的两个方面，它的核心是阴阳互跟的，阴阳两方面谁也离不开谁的一个东西。你看你来搭手以后，我们两人是一个无极，他是一阳，假如说他有力，他是阳我是阴，或我是阳他是阴，但如果我本身又分阴阳虚实，就破坏了他的阴阳虚实。比如说我的阳面，我这走的是里面，我用里面撑我的阳面，这是一种打法。用里面，这就叫负阴抱阳，就像自行车的外带很硬，是因为里面往出胀。还有一种打法，假如我给他拿起来以后，我先用里面走，走内气、内功，然后我用外面打他，他来的时候我先是阴的，然后我突然变成阳的了，这样一来我的阴阳进行了互换，劲、气在这种互换中，就以我的阳打了对方的阴，打的他的虚，他的薄弱地方。另外一种办法，他来了，我先是阳的，是实的，然后突然变成阴的了，他也空了。阴阳哪个在先不重要，这要看对方的情况，但关键是阴阳的互换，这就要功夫。

表面上手都是这么一放，但是里面阴阳有变化，不懂的人不明白，这是内功技击的范畴。

掌握了阴阳变化在技击中的应用，还可以运用环境因素。他向上一来，对方、我和周围环境就构成了一个阴阳结构，这个结构对他也是有影响的，我通过自身调节改变这种结构，就破坏掉他原本的平衡，再对他实施打击。

太极拳技击中就是要善于处理敌我双方的阴阳结构，达到我的最大程度的平衡，破坏掉对方的平衡。其中有一个基本方法叫作"求圆站中"，就是对方一来，搭上手，我自身内外形成一个圆，意、气、态形成一个"中"的状态，我用中心向外放射来打他。

高壮飞演示太极技击

太极拳求圆站中状态　高壮飞演示

太极拳内功技击的方法还有很多，比如"曲中求直"法。对方来了，我手迎上去，手臂接触是屈的，但从中，从内出劲，以直线打他。身体各个部位也都可以打人，比如用膝盖打，对方来了以后，用一个膝盖往回拉，形成"虚"，另一个膝盖发劲为实，阴阳交错打击。胯也可以打，用胯打他是用支撑力打，对方上来以后，两胯向下沉劲，借地面支撑力反射回对方打击。丹田也可以打人，以丹田发劲。还可以用腰来打，腰怎么打呢？实际上不完全用腰，而是用肩背往腰上送，这样打他。肩也可以打，肩打是用肩颈到涌泉，我的肩往回一背，这劲就送出去了。还可以用一个手指头轻轻打他，手指头轻轻挨着了以后，我就拿他脚跟了，打脚跟。可见身体每一个地方都能用作技击，不在于用哪里，关键是如何用，这就是"处处皆太极、无处不太极"的道理。

举手投足无处不太极　高壮飞演示

太极拳中的阴阳虚实的变化有层次、有角度，是多方面的。我练架子也是这样的，比如我要练"提手"，我这么一提这么一坐、动作很简单，有的人表面上练，这不行。练拳起的时候首先有一个场势，要根据场势走。动的时候是身体把场势带起来，整个拳法练习我身体在场势里走，起落开合，都有场势的结合、变化。拳势的变化就是场势的变化，所以外行看的是动作，内行看到的是场势的变化。明了了这一点，你的练拳、你的技击就不是表面上的蛮力，就上升到了阴阳结构变化的太极内功的层次。

太极拳的技击不同于一般的搏击，它体现的是武术之道，展现的是练习者的气度、功夫、领悟力和修养。太极技击为道，如果停留在力量相搏的水平，则流于下乘。中国太极拳是一种把养生和技击高度融合的拳术，这是它的"道"的重要内容。

冯志强

从技击角度看，不会养生技击就没有基础，易劳累，技击技术得不到提高。因为人首先要生存得好、体态健康、生命力旺盛，才有技击的本钱。很难设想一个面黄肌瘦、营养缺乏、病病歪歪的人，能够去打擂台，即使有其心也无其力。只有加强养生修炼，精气神充足，才会出功夫。可以说，养生是技击的基础和前提条件。另一方面，技击要靠功法才能显示出威力。没有功力的技击是没有效果的。所以前人才说："拳不敌法、法不敌功。"

冯志强讲解技击之道

从养生角度看，养生之法首先源于古代道功和中医理论，现代养生还要结合运动医学、生物学、营养学、遗传学等等。我们的养生是道、武、医合一的，因此其中还要有武技的道理贯穿其中。

从武功角度看，光养没有技击，武术达不到效果。同时，不练习技击，武术的招数不明确，也不能达到"四两拨千斤"的效果。武术的灵魂是技击，所以养生只有结合了武技之理，才能叫作拳功一体、体用结合。

技击是拳理，太极拳讲究"四两拨千斤"。"四两拨千斤"的技术要靠用法的练习来培养，用法就是技击。大家都知道，功夫是练出来的，不是说出来想出来的。但练不是盲目练、瞎练，而是要科学地练、养中练。功夫能养、会养才能多练，会养才能达到精气神的充沛，只有会练、会养才能达到技击效果，多练就会长功，不养反而不会长功、也不会提高技击技术。

另外，技击和养生二者也不是截然分开的。在养生练习过程中也可以穿插一些技击技法，以熟悉拳法、矫正错误动作；在侧重技击时也不要忘记心平气和、中正安舒、气血顺遂地养精蓄锐。总之，会练会养能成功。在练功练拳时要强调松柔圆活、安静舒畅、神完气足、混元一气。至于哪一部分多些少些，不必统一强调，可以根据自己的体质、爱好以及适应能力适当选择，只要"无过不及"就可以。

只有真正实现了练养协调发展，才算入了太极之道。

练养结合是太极之道　冯志强演示

太极拳养生的奥秘

每当清晨，在中国广大城乡的各个角落，特别是公园等环境优美的场所，到处可以看到练习太极拳的人们。他们大多是通过太极拳的习练来实现健康身体的目的。养生是当今太极拳的第一生活需要，在这方面太极拳具有突出的作用，它因此也被列为全民健身的重要锻炼方法。也正因为这一突出功能，太极拳流行世界上一百多个国家和地区，成为练习人数最多的名副其实的世界第一健康品牌。

阮纪正

其实整个中国文化都可以看成是养生文化，它的整个哲学是一种生命哲学，它的出发点是人自身。西方的哲学是一个对象化的考察，它把人超脱在外面，它就研究对象到底是什么？为什么？它对自然界发出一个惊愕、惊讶以后去探究自然的秘密。但中国哲学更多是研究人自身到底怎么应对外界。

太极拳的健身效果举世公认，那么，它为什么会有如此显著的作用呢？它的健身原理是什么？太极拳的锻炼原则是阴阳和谐，实现了人体内外的阴阳和谐，就解决了人体健康的宏观问题，这一点与中国传统医学一脉相承，完全符合医学的健康原理。

阮纪正

以太极拳为代表的中国武术和养生文化，更重视一个"养"，而不是一个"耗"。它知道人的生命是有限的，人是一个有限的存在，人一生下来就面对死亡。这个有限的生命里面，你怎么能够充分发挥你的操作意义，能够多做一些事情，尽量避免没有意义的损耗和消耗。

中国养生文化讲究身心合一

另外，它更讲究身心的合一，除了"养"字之外，还讲个"合"字。它要综合起来取得一种综合性的效果。技击跟养生本来就是统一的，因为它都是一种生命的应对，所以良医跟良相，它认为是一回事，用兵跟用药也是一回事。中药讲究药性要归经，药性归经讲究不同的药性，军臣佐使，那个配合就像用兵一样，因为对待生理上的邪气、生理上的缺陷、生理上的损害，就像对待敌人一样。

　　所以，我们的养生不但有生存之道，而且还考虑了存活之术。技击是一种存活之术，它不仅仅用来应对敌人，而且应对环境，用来应对各种客体。比如说你进行劳动，劳动保护也是一种应对。养生是一种核心应对，因为人生存在世界上，他总要跟外面沟通，他要吃，他要做事，他有六邪入侵，有各种邪气要跟你内部的正气相互要交锋。所以养生的理念也跟技击的理念很容易地融合起来了。而且道家的取向，更多讲究守虚、守静，用"无"，它是反向来找力，因为它知道那个正向的东西消耗是比较大的。所谓的"以政治国，以技用兵"，他考虑自己是一个弱小的东西，如何才能更有效地变强。

　　实际上在进化过程中，在生物进化史上还不仅仅是弱肉强食。"丛林法则"是重要的一个法则，通过进化论保存下来的一些动物，不完全是那些庞然大物的强者。恐龙当年是最强大的，但它却灭绝了，老鼠、蟑螂是弱小，却保留了下来。弱小者有它的生存之道。中国太极拳的养生智慧在于，它是一种生命保存之术。一方面它讲究生命之道，另外为了维持这生命之道，又讲究存活之术，养生和技击是存活之术的两个方面。一个是应对外面的客体，一个是应对侵入自身肌体的各种邪气，是肌体的。它应对的原则都是要来调和你的阴阳，来取得某种平衡，使你不至于失控。

　　现在很多人就往往从外在上，把存活和保存两方面的应对对立起来，这就是没从根本上认识生命本质。

　　用意、调气、调形，这是太极拳养生的基本做法。形正气就顺，气顺神就宁。我们练拳的时候，往往有几种表现，表演作秀的时候，形不正气不顺，气不顺神不宁，神不宁心就不安。整个中国文化要求个心安，心安才能理得。心安不仅仅外在的，还讲究你自身内部的调整，包括你一些理念，包括你一些追求，能不能安定下来。但是这种安定又不光是一个方面，因为有很多外界作用，外面各个因素，所以它要求形要正，通过形正去求气盛，气盛求得神宁。

意、气、形是太极拳养生基本锻炼要素　　吴图南演示

太极拳的拳套动作从养生的角度看，基本都是导引动作，"导气令和，引气致柔"。导引是中国传统养生术的重要流派，产生于原始的祭祀图腾活动，对人体起到调形的作用，可令气血通畅，百骸顺达。

在太极拳锻炼中有一个重要的要领，就是练气，这也是他健身的一个重要方面。太极拳与中国传统健身气功又有着密切关系。

阮纪正

中国的各种养生方法都是同源同构，都是从古典最原始的巫术发生出来的。因为巫术是人跟动物区别最早的东西，武术也是从那里来的，因为它是人类最早的一种活动。它跟本能不同，动物的本能是有遗传基因给你确定的，适应环境能力等等，它是一种遗传基因的那种生物遗传，但是文化是非遗传性的信息的传递。它从最早的精神层面那里来。

中国养生导引一类的气功是比较早的，原始巫术都有导引的成分在内。它有两个层次，一个处理身心的关系，身心活力，身心潜能；第二个直接上升到天人关系了，领悟天人关系，这是中国传统气功、导引里重要的一方面内容。

太极拳养生的奥秘

导引养生1　　　　　　　　导引养生2

　　太极，因为它是武术，所以它要处理敌我关系，它要应对。因为人不能靠空气过活，不能靠冥想过活，你要劳动，劳动就要应对，所以这就要处理敌我关系。

　　技击并不是很狭隘的东西，技击就是个应对术。只不过应对里面，毛泽东讲有对抗性有非对抗性。有不同的东西，你用不同方法处理，结果就不一样，从本质上说都有主、客体的应对。

中国武术的很多流派都讲究气的内修

气功跟武术在远古时期本身就是统一的。先秦以后，越来越理性化，由于社会职能的变化，它们也慢慢分化了。但后来发展的比较系统、深入，在更高层面上，它们又走到一块来了，就像同源的水，中间分了不同支流，到大海的时候，又汇合了。你从典籍上来看，大概到了清代中叶的很多武术书都讲了气这个问题了，它已经完成了这个统一了。这一点对于武术养生来说非常重要，而太极拳是这方面的一个极致例证。

乔松茂

《拳论》中说了"劲起于脚跟，注于腰间，实于两膊，行于手指"。它这个过程为开。什么叫开合呢？这就是开。由手掌原路回到腰间，这为合，一开为大周天，一合为小周天。开的当中把从脚跟上调动的这种内劲内气，贯穿于手掌上，合的当中从双掌合十，好像是精炼的一股丹田气似的，回到腹部丹田，这时候反复的练出来的东西回到丹田，反复来这样，达到了养生的目的。强筋壮骨，内气内劲达到充沛的时候，就形成了大丹田和小丹田的配合，也就是一大一小，一虚一实，一阴一阳，起到了调节内分泌、调节微循环系统的作用，从而达到了健身的目的。

乔松茂在中华武术名家大讲堂上讲课

太极拳的练习要求自始至终都要放松，就有效缓冲和消除了人体的紧张状态。在日常生活和工作中，我们的身体里形成了许多的紧张点，有生理上的，有心理上的，太极拳通过一定的规范练习，不仅消除现有的紧张，还建立起了一套机制，防止以后紧张的产生。太极拳的端正、圆转、松沉、稳固、柔和，都是建立这种机制的方法。

杨礼儒

我们太极拳讲"松"，不是软，也不是硬，在软和硬的中间。这样才能够促使血液循环，新陈代谢。

练拳放松不是目的，而是一种手段。放松以后对身体的经络和气血起到促进作用，但是最主要的是它能够体会到练出劲来。松中练出劲来，它这个劲就好像弹簧一样。棉线是软的，提起来是硬的，放下来又没有形状。好像跟圆珠笔芯的弹簧一样，看起来很柔软，但是一按它就回去了，放开它又伸张了，因此它有一个韧性，这样通过练能够练出太极劲来。这种太极劲就改善了人的身体的劲力结构，减少对脏腑的压力，对身体健康很有益。

太极拳讲"松"　杨礼儒演示

从锻炼身体方面来讲，在练拳时，我们要把全身从上到下的所有关节都伸长，拉开。比方说手形，并不是硬邦邦的，而是放开它，放开了气才能到。手的形状要在软硬中间，这样才能拎起这个劲来，才能够通过腰部的带动、鼓荡起劲气。全部放松以后，才能够走得比较柔和。

有些慢性病通过太极拳的锻炼，调理好了，这就是太极内功的作用。我从练拳中体会到，练杨式太极拳从上到下整个放松了以后，通过一段时间的练习，周身就会感觉到一股热量。手出去以后是非常饱满的感觉，手指和脚趾发热，就是在很冷的天气情况下，用不着戴手套，手也是发热的。

全身放松以后，头要往上顶，把颈椎拉开，拉开以后体现到有它的精气神，精神就起来了。但是拉开不是太僵硬的，不能梗着，而是虚的，空的，这样练出来以后，炯炯有神。

练太极拳要把关节伸长拉开　杨礼儒演示

我们练的时候头往上顶，颈椎松松地拉开，对防治颈椎骨质增生有好处，通过练拳使头部有个轻松的感觉。两眼就能够提起精神来。如果你没有这个颈椎的向上松，你光瞪眼是不行的，那没有神。我们练拳的时候，舌头要顶住上腭，自始至终都要这样，这样就口中生津，对胃很好，把练出来的津液咽下去，对身体有滋养作用，对我们的身体有好处。

通过练拳以后，我觉得自己的肺活量比以前大，不断把更多新鲜的空气吸进来，吐故纳新。长时间锻炼对我们内脏功能有提升，不会觉得憋气，再加上我们腰部带动，对我们内脏的锻炼很好。在心平气和的基础上，通过一些腰部带动，使我们的内脏能够起到一个很好的按摩作用。

杨礼儒太极拳势

练拳时前腿一定要撑得住，这样一蹬一撑，下部就有了力量了。腿上有了力量，就感觉到腰上饱满了，腰上一饱满，对肾脏锻炼就有好处。不管男的女的，肾脏发达了，身体就健康，肾水满了又养胃，因此太极养生是一环扣一环的。练的时候，我们把这个腰补命门这里，上下要拉开它。腰壮、下肢力量强，整个身体就好。科学的实践论证，有两条好腿，衰老得就慢，病也少。因此，我们通过太极拳锻炼，腿部会感到比较轻松。

作为一种独特的锻炼方法，太极拳在运动上要求动静结合，这一点也是它养生的一个重要特点。静能安神固本，为养为蓄，动则舒筋活血，为开为展。动静结合方为养生的全面之道。

余功保

大量的实践证明,单纯的动和单纯的静对于养生都不是全面的,最核心的思想讲究性命双修。你动得多了,一定是损耗了,练静功是中国养生的一个绝招,要养生,研究中国古代养生是一定要练静功的,太极拳要站桩,气功要静坐。但是,单纯的静不结合动不行,容易走偏,这就是练性功。静功是练性功的,动功是练命功,性命双修,必须要动静结合。

太极拳养生动静结合　张勇涛演示

太极拳是动静结合的一个典范。它的修养就体现在动中有静、静中有动。静是一种养心的功夫,老子说"致虚极,守静笃",你要静下来才能"致虚极"。太极拳讲究"虚",你怎么虚?虚就是一种静。所以一开始练的时候一定要先站无极桩。站桩是一方面,站桩的目的在于让你入静,入静进入到无极的状态。太极始于无极,你没进入到无极状态,你就开始练拳,整个的过程都是在盲动的,浮躁的。只有静下去以后,才进入到状态,这时候的动就有静的成分,动的里面一定是含有静的。

"静"的另外一个含义,就是在动中保持一种稳定的状态,这也是静,不是指静止的静。这个静的含义,就是你在均匀的动,也是一种静,只有达到动静结合,才能到性命双修。

太极拳在锻炼中十分注重呼吸的调节,这在养生上被称为调息,将外形动作与呼吸相配合,吐故纳新,实现内脏的纯净。

高壮飞

人应该活120岁,但是活不到,这有多方面的原因。太极拳从多方面改善人的健康结构。第一个,人直立了,脑子在上面了,最需要血的地方在上面。所以我们现在练太极拳,我们基本是锻炼下肢肌肉的,叫紧张肌,这种下肢肌肉的紧张肌恰恰可以让你的脑细胞活跃,脑血液循环好,健脑的。这是太极拳养生的第一个优点。

第二个方面就是对右脑有很好的锻炼作用。我们左右脑子不一样,右脑是一个非常静的状态,而且是一个潜意识的,是形象思维的,所以它照顾面全,这是我们人类进步应该利用的东西。太极拳的锻炼要领对人的右脑有很好的保健效果。

高壮飞讲解太极养生

第三个方面就是呼吸的问题。所有动物都是腹式呼吸,人是胸式呼吸为主。太极拳练习的气沉丹田,它是腹式呼吸的,不但腹式呼吸,还要比腹式呼吸更深入一点。我们练拳到比较高的水平,能够松到踵息,能松到脚底下去。肩井到涌泉就是一种呼吸形式,你扶着以后,我是一种气感沉到底。还不单纯光是腹式呼吸,这样通过练太极拳,能改变我们人类的呼吸状态。

再有一个,练太极拳以后,心地开朗,对事物认识清楚,不烦躁,不烦恼,不受各种外界的干扰,在身、心上避免受伤。

从以上这几方面来说,太极拳具有很好的养生作用。

高壮飞太极拳势

太极拳练意的特点,对养生有极其重要的意义,这被认为是太极拳健身的秘密法宝。中国医学认为人的身、心是一体化的,他们的健康状态互相影响,心理的不健全会导致严重的生理疾病,因此健康应着眼、着手于身心两个方面的全面协调。太极拳练意正是调心调神的方法。这种调心的关键在三个字"静、平、松",即心绪要静,心态要平,心情要松。

钟振山

太极拳的健身有自身独到的地方。从整个太极拳的特点来讲,它动作比较缓慢、均匀,再一个就是用意不用力,所以它对人的神经系统有很大的调节作用。

从武式太极拳来看，要求"以意运气""以气运身"，还要求"以心行气"，再加上动作比较缓慢，所以这一些都可以调节人的神经系统。特别是脑力劳动者进行了繁重的智力劳动，感觉比较疲惫，在这个时候如果你打一遍太极拳，就会感觉到心情比较舒畅，头脑比较清晰。所以说太极拳对调节神经，对恢复大脑疲惫有很大的作用。太极拳对治疗神经系统的疾病很有帮助，这一点已经被很多例子所证明。

钟振山太极拳势

太极拳还对脏腑有影响。因为太极拳动作比较缓慢，讲究练气，气要沉丹田，这一些练法对五脏，特别对肺的呼吸功能有改善作用。练拳时呼吸比较缓慢，用的是腹式呼吸，要求要细长，不会急促喘气。练拳时间长了，可以加大肺的呼吸量。

练太极拳对脾胃消化系统也有一定的作用。因为虽然太极拳的动作比较缓慢，但实际上它的运动量相当大，因为它持续运动，所以可以促进胃肠的蠕动，对一些胃病或者肠病，都能起到治疗康复作用。

太极拳对四肢关节、肌肉的锻炼作用也很突出。因为太极拳缓慢柔和运动，并且内力比较舒张，所以对关节，对疏通经络都有一定的好处。只要你长期锻炼，它自然能达到一个疏通经络的效果，特别是关节炎这种病，只要你能坚持长时间的运动，它可以减缓、治疗。

钟振山演示太极拳器械

吴忍堂

太极拳是以心行气,以气运身,可使任督二脉畅通,大小周天旋转,使身体阴阳平衡,使心肺功能的呼吸自然得以调理,吸入自然界的空气,吐出体内的浊气,在体内进行有效交换。

气息在体内进行交换,保持呼吸道畅通,同时,增进了心肌、心血、心氧的补充,防止了肺心病、冠心病的蔓延滋生。通过对心肌、心氧的供给,减少高血压症,以及脑供血不足的症状。并通过拳架规范正确的习练,促进脾脏的运化功能,以及胃部的消化吸收功能,保持消化道及胃部功能以补后天之气血。促进先天肾脏的滋生,得以全身阴阳平衡调理,使人感觉轻松自然,具有一个良好的精神状态。

练拳者应该在太极拳的习练中不断提高自身的文化素质和身心修养,追求高尚的文化品位和道德情操,达到心理和生理的平衡。这是养生的一个重要方面。

练太极拳使经脉畅通,阴阳平衡 吴忍堂演示

吴忍堂太极拳势"云手"

通过太极拳的习练，还可使气血调整，达到经络的平衡和畅通，对于慢性病、疑难杂症都有康复治疗的效果。比方说我在练"云手"这个势子的时候，运手中间走，我是以单胯调整，手臂旋转，右手旋转带着的是心肝脾肺肾。通过上肢，手往上走、身往上涨的时候，不是身往上拔，而是裆胯在提着往上走，那么，促动后天的肾脏，以及脾脏的运化功能，通过运动旋转的自然规律走，对胃部的功能，对于消化、吸收有很好的作用。再一个，通过旋转运势而行的时候，保持自然呼吸和丹田的腹式呼吸，对心肌供血功能都有一个良好的作用。

经络是中国传统医学在人体生命方面的一个重要发现成果，在中医学中占有重要位置。太极拳的练习也突出对于全身经络系统的锻炼作用，许多动作都有经络引导疏通的含义，使得在太极拳练习中可以有效地调节全身经络系统。

祝大彤

经络是人体的活力系统，包括任督两脉、十四正经等，如果你老去用力，会阻塞我们经络的通道。还有我们人的血液循环，你老用力，血液不太通畅，就会带来很多疾病。我们在练太极拳的时候，都是在比较和缓的状态下进行，经络穴道都保持畅通，这样有利于健康。还有我们的脊椎，还有两个肾，都不能太紧。我们练拳要讲松，以松为好。

练拳中经络穴道处于畅通状态　　祝大彤演示

高壮飞

应该讲我们采用了经络运动来练习太极拳,经络通了以后,电视上讲,用经络扎针灸来治青春痘效果很好,挺有意思的,不是药物,经络确实起到一定的作用。经络现在在解剖学上不支持,但是中医研究院针灸研究所的研究员们研究的它属于光子系统,光子系统有序列排列,它看不见摸不到,而我们的视觉是光子系统,人身体周围的气场是光子系统。那样的话,我们的经络跟穴位结合适度统和能力,就能够影响我们场势的动作。

高壮飞讲解太极经络养生

首先是经络,我的体会是这样,因为经络都走的是四肢,针灸穴位都扎四肢,没有直接扎到心脏上去的。但是它跟内脏有关系,所以我们说,用我们四肢的锻炼影响到内脏,但是我不提倡用它去治病。比如我这个动作就可以治心脏病,那个动作可以治高血压,虽然我是医生,我从来不拿这个来治病。因为没有那么简单,就是我这一个动作,比如我这儿是肝,这肝就好了,因为这肝脏跟你肝的中医的理论两码事。所以中医的理论跟西医的理论,它中间有一个最大区别,就是说它的五脏,是用它的性能、用它的功能来体会的,不是说实质的东西。

所以,我们练拳的话,用的经络,这是外劳宫、内劳宫,它与里面有联系,但是我们联系的话,我们还是用内劳宫跟涌泉联系、肩井跟涌泉联系,用我们的四肢去联系,外围去联系。里头怎么办呢?第一个我认为能吃能睡,大便很好,心情愉快，这就是对你身体内脏的保护，因为身体里面是一个生物钟，它自己在走，你千万别干涉它。

为什么走道、上楼就喘、就心跳，因为你外界的动力影响了心脏。所以现在有有氧代谢一说，我认为有氧代谢是西洋体育的一种方法。但是我们要求的是什么？要求不是真的特别需要氧气，我这里面也有了。你生物钟走的最慢，就是龟息，而且你里面能量最少，而且它在运转，这是最好的养生方法。太极拳属于这个，不属于激烈运动。所以我们打太极拳，我打40分钟再讲两钟头课，决不会心跳气短的做。所以我们认为中医以经络、穴位结合你的运动，就是你这个软件形式结合你的硬件去配合，千万别说我这就是肝脏。

太极拳养生的一个重要原则是中和，无过不及，以柔和的动作，柔和的意念来达到能量的转运与储存。所有动作讲究一个"度"字，从医学上来说，只有适度，才能既起到锻炼的效果，又避免了损伤。"度"是太极拳养生的奥秘之一，它就是中国哲学的养生实践。

李和生

太极拳的养生效果非常好，练拳的人健康长寿的多。比如吴式太极拳，它是以柔化为主，它不以发放为主，这样有利于养生。吴式太极拳名家中活到90多岁的特别多，100多的也有。像吴图南、杨禹廷他们都是著名的健康长寿。

李和生太极拳势

太极拳是内功拳，是气功的行功，运动中要求松、静、慢、切、恒。如果在运行中大动、多动、妄动，就必然失去了松、静、慢、切、恒的基本要求，所以切不可画蛇添足，增添许多花样。因此，一切违反太极拳理论的增舍尝试，都是不可取的，不仅误人，而且谬之千里。太极拳属内家拳，其与外家拳的区别在于主柔，柔寓于内。外家拳主刚，劲显于外，内家拳先练精、气、神，这是太极拳养生最重要的特点。

太极拳的内功层次分为三个境界：以身变手，以气变手，以意变手。

太极拳练精、气、神　李和生演示

第一层功夫"以身变手"，是炼精化气阶段，此阶段在气路上要练通任脉。这个阶段要求身体各个部位的劲源，都要能反应到手上来，要达到此目的，关键在于腰，就是把腰劲也就是丹田功练到手上，练得浑身是手。太极拳论说："其根在脚，发于腿，主宰于腰，形于手指，由脚而腿而腰，总须完整一气，前进后退，乃能得机得势，有不得机得势处，身便散乱，其病必于腰腿求之。"从这里可以看出腰的重要性。所以，习练太极拳者，学会一趟拳架后，必须由着熟而研究每动的开始，要松腰腹接两头。每动完了时，也要松腰腹接两头。两头上边指的是手，下边指的是脚，每动都应该与腰合上，每动都应做到由脚而腿而腰达于手指的完整一气。否则，架子练得再低，脚踢得再高，不符合拳经的要求，也只能是表演舞蹈动作。

太极拳内功层次分三个阶段　李和生演示

第二层功夫是"以气变手",这是炼气化神阶段。从气路上要求要打通任督脉,在这一阶段中首先要把丹田气练足。丹田练好,神气充足,就能够以心行气,以气运身,此时肢体转动就会更为灵活,气足后可通督脉,进而沿尾闾、夹脊、玉枕、玄关而上,下任脉后,而使气遍周身。

第三层功夫是"以意变手",这是炼神还虚阶段。从气路上讲,这个阶段要求打通全身经络,即大周天循环运转。因为意比气的惰性更小,所以练好这层功夫后,就可以做到意在哪里,气就在哪里,劲也在哪里,这层功夫必须有明师指点。

太极拳总的行拳走架的原则是:根松催,中通顺,梢发透。全身的虚灵之意向下松催,引根之反作用力上行,由脚到腰、脊、肩、肘、腕而行于手指,太极拳的意境就开始出来了。

拳势打圆,肢体松透,意念轻运,劲道通畅,神清气爽,其乐无穷。

高壮飞

吴式太极拳讲究"不过",这对养生很关键。不过就是适度,比如这一抱,到一定程度就行了,没有做得特别大。不过有什么好处?它对能量是非常节省的。我常拿这个做例子,一个自行车的前轴后轴,你把这轴紧到家了,紧不动了,不是最佳状态,你稍微松一点,这是最灵活的一个状态。吴式太极拳恰恰是刚刚到那以后再收这么一点,这是最灵活的那一点,就是最佳点,这最佳点能量最省、最灵活。所以吴式太极拳有"独立式身形""斜中寓正""川字步",这都是"不过"的练法。有的人练拳压腿压得特别低,或者特别高,或者开度特别大,都不对。吴式太极是处于中间的,好像有点中庸之道的意思,它所有的架子都是在最佳点的那个地方。

太极拳架势始终寻求人体的最佳点　高壮飞演示

太极拳还有一方面,即"不伤",第一不能伤自己,第二不能伤别人,第三个不能伤和气,要和谐,这三不伤体现太极养生的特点。不伤自己这个问题挺复杂的,人伤自己的话,一般有三个方面,一个物理性的,一个疾病性的,一个化学性的。

物理性的,就是说膝关节损伤,各类肌肉、骨骼受伤都是这类。有的人认为练拳时间越长,越刻苦越好,这是一种误区。有的练拳导致努伤,严重的就会吐血、尿血。你一天练九个小时,练完了以后,最后终于尿血了,这就不科学。你想你要练拳尿血的话,这拳你练它干吗?为什么会这样?他肯定是练憋了,练努了。如果要想不伤自己的话,应该了解自己人体的结构,应该按自己本身结构去练拳。避免物理性损伤是太极拳最基本的健身要求。

还有化学性的。我们练太极拳应该是非常愉快,非常高兴,在这种情况下,大脑α波,有它一定的波长,这种波长在脑子里产生一种内啡肽,能使人愉快、止疼，而且健脑。如果你不放松，紧张了，就产生肾上腺素，产生氧基自由基，它攻击心脏，攻击血管，导致动脉硬化。肾上腺素让你心跳加快，让你整个内分泌失调。所以有的人练拳练得脾气很大，总想打人，这就不好，所以我们练太极拳心里平和，很自然。所以太极拳的养生，从动作上不损伤自己，从情绪上是一种很平静的状态，动静相间。当然练拳也要有一定的营养，要保持良好的生活习惯，还要有一定的娱乐行为，有一个健康的思想。萧伯纳有一句话："人生不是短短的蜡烛，而是接过前人的火炬，到了我们这辈点得更亮，再给下一代。"人的健康有一个健康思想很重要，健康思想才能保持健康的情绪，才有健康的意境。所以练太极拳是达到这种意境的一个非常好的途径。

太极拳的平和状态　　高壮飞演示

我们做过一个分析，就是人直立了以后，也出现了一些负面影响，比如说脊椎直立了以后，大脑在整个身体的上面，脑子供血不充分。再一个，人直立了以后，整个的压力，对脊椎的压力形成了一种破坏性。还有呼吸，所有的动物都是腹式呼吸，我们还是需要灵巧的腹式呼吸。所以我们讲丹田气就是这样，注意腹式呼吸问题。在消化方面，人类的消化系统也退化了，人类的情绪、喜怒哀乐这些问题都是影响人寿命的关系。 练太极拳能够纠正大脑的供血，纠正脊柱压力的影响，纠正你身体的各个关节。比如到老了以后，膝关节、退化性的骨关节病变都很多，为什么多？因为没有保护好，这也会影响人的寿命。我们研究太极拳，讲究所谓"气运身"，气是让他全身都能很协调地工作，适合你的每一个条件，无形中对内脏来说，就是一种很好的调节。

我在讲课的时候，从来不具体讲哪一式对心脏怎么用，不能给他一个固定的概念，说做这个动作能治疗心脏，如果这样的话，有时候会引起误导，或者形成条件反射。练拳的作用应该是自然形成的。筋骨舒张开了，血脉循环开了，经络循环开了，健身养生效果自然就有了。所以中医有它一套辨证施治的方法，对太极拳养生来说，它也等于辨证施治。因为中医讲阴阳表里，虚实寒热，在太极拳我们把"寒热"这俩字变成"动静"，就是阴阳表里，虚实动静。就是说我们把这些经络平衡了以后，自然脏腑就很平衡。

虚实动静　自然舒张　高壮飞演示

人的α波跟β波，β波是紊乱的，这时他处于α波，他脑子可以反应很多东西，以至于慌慌张张，这是β波，什么都忘了，没有全面的动作，这个时候对大脑是损伤的。这一类的情况，它产生的化学物质也不一样，尤其是滋阴养阴的问题。很多人的老年斑一块块黑的，都是滋阴养阴，自己氧化自己，这一般来说，都跟脾气急躁有关系。所以太极拳应该是阴阳和合，平静、安静，练拳以后达到这样的一个气质。我认为太极拳应该有气质，没有气质的太极拳是初期练习的水平。到了高级水平，必须有气质，这是我们生命的一种状态。

太极拳式有很多动作，但这些动作不能过分，应在动中保持中和。活动是保持活力的一种方法，人的肌纤维到老了以后，会减少、无力，我们怎么样让肌纤维发挥它的力量，就是科学的运动。我们有的人练一些刚猛的体育，韧带撕裂、肌纤维撕断，还有关节损伤，这是伤身的，所以不是说动就养生。太极拳是科学地动，可以避免损伤。另外一个，太极拳的技击作用本身是一种养生，为什么？知己知彼的时候，确实是一种运用了右脑和左脑的高度的配合，对空间的认识，能健脑，能健身。

把握好练拳的"度"是养生重要的一方面　高壮飞演示

我们要防止在锻炼中身体受到破坏。有人练拳有膝关节受伤的情况出现，这是练习要领不正确造成的。为什么膝关节会受伤呢？膝关节有髌骨、韧带，它的股骨跟上面大腿形成关节面，跟下面小腿并不形成关节面。这个关节面是一个软骨组织。这个关节，它的内在结构是什么，就好像一个大桥，上面一个圆拱，拱上面一条一条拉着，整个大桥都很平坦。软骨组织就是这么一个结构，是一个半圆形，底下是一个平的，上面竖着一种软骨的纤维，这样的话，形成一种又有弹力，又耐磨，又有拉伸力的一个保护性的东西。一旦受到破坏，它这个结构不稳当了，它就没有形成膝关节、髌骨跟股骨关节的作用，而且会产生髌骨老化、髌骨骨刺、髌骨磨损，失去关节的应有作用。很多人练拳不了解这些，没有真正明白练拳要领，盲目地进退，盲目地下势，盲目地转脚、转身，最后受到破坏了，疼痛，吃药。吃药只能止疼，改善不了这个组织结构。所以《中医》讲"因劳而伤，因伤而损，损而不复"，我们练拳要注意这些。"因劳而伤"，伤还可以调养，到"损"了它就不能再恢复了。

所以我强调练太极拳应该有度。所有的东西都应该有度。这个"度"很要紧，我们身体有体温温度，血液里面有 pH 值也是度。各方面条件都有度，这个度既是要达到一定标准，也是适可而止，是一个非常自然的状态。太极拳练习也应该有度，什么是太极拳的度？我们应该去认真研究，其中应该包括它的角度、它的力度、它的气度等等各方面的情况。

刘建波

养生实际上是太极拳讲的一种最高境界。对于武术来说，最高的境界，就是既能养生又能技击，它不是单纯的技击，它必然融合了养生。太极拳讲的养生，也不是单纯意义上讲的这个养生，咱们讲的，是一种练养结合、打养结合的综合性效果。这是传统武术的本质。内家拳，太极拳，实际上就是一种内功心经。像《易筋经》《洗髓经》，是总结了中国几千年来的一种体育文化。

太极拳在养生上的一个重要原则，就是天人合一的整体锻炼观。中国古人提出的天人合一的思想，就是人与自然和谐的一个

李益春太极拳势

典型体现，就是人的生命活动要符合自然运行的规律，这思想在太极拳锻炼中得到了淋漓尽致的体现，并收到了极好的养生效果。

翟维传

大家都说太极拳能养生、益寿，《太极拳经》上也强调"详推用意终何在，益寿延年不老春"。练太极拳能益寿延年的道理就是"内外相合"，好比说松紧合度，一松全身要放松，一紧全身要紧，松紧合度就是一种整体观。这是自身的整体观，还有人和外界环境的整体观。

再一个要点就是意气的循环。太极拳的意气循环要结合内力，形成意气跟内力的循环，就是有一个地方有毛病的，它通过气血打通了，对身体就有好处，这也是整体性的观点，就是用整体来修补局部。

意气循环　翟维传演示

太极拳现在练的人很多，就是因为练太极拳能增强人的寿命，提高人的免疫能力、抵抗能力，通过正确锻炼就可以达到效果。

曹彦章

太极拳你练了不能停,你得每天练,如果你每天打85式这个拳,你每天必须打两套。我们练完了以后可以打十多套,现在一般的人连85式都练不了,这就是功夫不够。这一套要练30分钟,如果练8式,两分钟完了,16式两分半,24式五分半,32式五分半,42式五分半,都是五分多钟就练完了。

曹彦章传授太极拳

太极拳有一套"家手",我还练一套"快手","快手"10分钟就练完了,如果练"家手"就练50分钟到60分钟,一个小时才能练完。内功都走的内气,内和外都是相结合,整个的身体才是健康的。内功只要把内部练好了,你外部才能强。如果你外部强,里边是空的,这样就会生病。

师父身授口传,自己还要细心体会。你光从理论上研究还不行,要实践,看的再多,还是不能真正的懂。真正得到高水平老师的言传身教,是练好太极拳重要的一个条件,老师给你说这是个什么特点,在什么地方运气,你体会到了就掌握了。没有老师的指点,你自己练一辈子也提高不了。我们学的时候很多也是不懂,我就问老师这个劲怎么用,为什么我们总用不好,他说你慢慢来别着急,学到一定程度你就会了,但是你每天必须得磨炼,你如果说今天打拳明天不打,你永远不会成功。拳从下层、中层,再到上层才能有境界。如果你不到上层,你到不了境界,先有功夫再有境界。功夫越深越好,境界则是一种适当的位置,不能过,比如一出手,你超过了不行,回来不行,必须到位。境界的东西要感悟。太极拳养生不是越大功夫效果越好,要真正懂得规律,掌握平衡的诀窍。

曹彦章太极拳势

太极拳的养生是一个理论、实践相互结合的过程,掌握了它的锻炼方式方法,还要勤于实践,长期坚持不懈,了解了太极拳的健身原理,就有助于我们更好地练习太极拳,从而达到最佳锻炼效果。

太极拳理法的奥秘

阴阳运天地，
刚柔衍乾坤。

太极拳是一种独特的运动形态，它在中国武术发展史上作为一个流派形成比较晚，吸收了众多拳法的精华，构建了理法兼备的技术体系，要学好练好太极拳，必须对它的基本要领有着准确的掌握，对它的核心原则有透彻的理解。

阮纪正

对于太极拳的理法原则，不同的人有不同的概括。我从文化角度概括是三个基本原则：第一个是松静为本；第二个阴阳相济；第三个以柔克刚。这三个原则也是它三个基本操作的规定。

太极拳松静为本　刘绥滨演示

"松静为本"是太极拳区别于别的那些刚性武术、体育项目的一个形态要点，它讲究松，讲究静，这显示它独特的运动特点。

"阴阳相济"是个结构性原则，这个结构在太极拳里面表现自己的特色是什么呢？外形上表现就是中正和圆活，内在就讲究一种平衡，讲究阴阳之间能够平衡，讲究那种变化。

太极拳阴阳相济　吕德和演示

"以柔克刚"是一个操作特征，更进一步体现阴性文化，强调用虚、用法、用柔的特征，讲究怎么以柔克刚。

太极拳以柔克刚　祝大彤演示

这是三个原则。当然你也可以从另外一些角度来概括，比如重点从操作的角度来概括，还可以主要从形态上来概括，我觉得从文化上来概括更加广适一些。

太极拳的理法不仅仅是抽象的道理，而是一些具体的要求，并且贯穿、体现在太极拳的每一种练习方法、每一个动作招式上，这些就成为太极拳练习的原则要领。

阮纪正

一般武术上的说法，就是"拳起于易，而理成于医"，我想太极拳也是这样"拳起于易，理成于医"，那个"理"更多是讲人体活动模型那个理，提供人体活动机制的一种解释。它就提供一种基本构成的框架，阴阳对峙这个框架，所以它起于"易"，成于"易"。

抽象跟具体，它应该是贯通的，每一个动作是可以体现出来的，这要靠你自己的体悟，要靠你摸索。我自己的办法就是到处去"问拳"，不但寻师而且访友，大家通过一推手一摸，有人有个外力在那里，除了我还有一个非我，从我跟非我互相应对里面，来体现互相之间阴阳的变化，体现虚实的变化。

应对问拳　阮纪正演示

高壮飞

太极拳理法中有个"升降沉浮"的概念，很重要。比如人体体位上升了还是下降了，你的内气的升降沉浮，每个动作含有各种升降沉浮在内，都有一种沉和浮的一种作用。对于形态，你可以用升降沉浮来概括。

怎么样去体会升降沉浮？可以简单用在水里的感觉做比喻。我们在水里面，就会感受到水产生的那种浮力，你起落的时候，内外都会有变化。郑曼青先生把练拳总结为"陆地游泳"是有道理的。太极拳推手跟练架子有很密切的关系，练拳的感觉会贯注到推手中。如果我往下一蹲，形态上肯定有升降，但如果只有升降，没有产生沉浮的作用，那只是有力而无用，那只是一个松，没有空。所以升降沉浮是同时的、一体的。这是太极拳很关键的一个理法。

太极拳势含有升降沉浮　王培生演示

空是"用"，不会空就不会用太极。拿泥巴烧一个碗，中间是空的，这个碗叫力，中空叫用。它为什么空呢？像咱们架子练起来以后，它周围有场地是空，你是在整个的这一个空间里面动作，我的手脚在这个层次、在这个空间中运化，我们把空间都照顾到了，我们的运化，我们这才叫松，假如就随随便便这样打出去了，就这一条胳膊支棱着，别处我不管了，照顾不到空，那我们的身体就完了。

高壮飞讲解会用"空"方为太极

比如我要托对方的这个肘，我丹田下沉一点，我脚底稍微踩一点力，他这个肘就下不来了。假如我使劲一托的话，我一个力他两个力，我三个力他四个力，就是以力凭胜，就较劲了。我们沉了以后，他的力顺着我的沉劲下去了，下去到我脚下以后，我从地底下反升一个空，反升一个浮的力量，这一种就要把他拿起来。这就是我们太极拳常用的一种反应的力量。

体会到太极拳的空才懂得太极拳的奥妙　高壮飞演示

太极拳的动作一个是多层次、多角度的。多层次，就是从脚底下一层一层上来，而多角度，就是它空间变化有各种角度。这个角度，前后左右好走，而有些角度比较难。角度牵扯到层次问题，因此太极拳动作是一个很复杂的空间问题。

比如我随便一个提起来的动作，在变化过程中，有前方的方向，还有是一个平行稍靠上的角度，也有向下的角度，这个角度是不断变化的，它有一个回来回去，这样就产生了一个沉浮。体位的变化形成了沉和浮的东西。沉浮劲是水，水有一个东西放在上面以后，它能够浮起来。虽然我们讲"空"，实际上内容很实。

余功保

太极拳"空"的理论，从形上说是消除身体的"紧张点"，让全身内外保持一种高度流畅、通畅的状态。从意上说是消除杂念，减少精神的能量损耗。"空"了，才能做到"神全"。

做到"空"，才能达到神全

高壮飞

我讲一个云手的例子，来具体说说练法。云手在八十三式也好，三十七式也好，都是一个很重要的式子，因为它是横向的循回，它又是个马步，重心有转移。一般我们练式子要重新开始练的时候，我们先做一个开式，这样的话，拉单鞭。注意，单鞭式，吴式太极拳是正的，叫"拉单鞭"。拉单鞭的意思就是说这两只手是斜角，冲那边，这两个膝是斜角，冲这边，是这么一个方向的，不是平面的，这是第一个式子。

吴式太极拳云手的单鞭　高壮飞演示

吴式太极云手　高壮飞演示

这只手是松手腕，从这手腕再从外侧过来，从后背通到这只脚的脚跟外侧，这只手从手心过来走前面的里侧，从前胸通到脚的内侧，所以这个是在后外，这个在前内，这么一个形式。眼神顺腕指看出去。这就是云手的单鞭。

接下来的式子要落手，不是手落，是身体下落，总体下落，总体右移，这手是被动的，如果手主动去动，就要丢了。身体总体下落，总体的右移，到这腿以后往下松，胯也松，这手轻轻地到这来，蹬左脚跟，这手到这了以后，有个掖掌。掖掌什么意思呢？这条腿能够拿起来，假如这以后这腿拿不起来，要掖一下，这腿能拿起来，眼神再看。

吴式太极拳"抱七星"　　高壮飞演示

然后有一个翻指的过程，起到领劲的作用。用二指作轴，拇指翻转，身体总体左移。这手到这以后也是掖，这个掖掌又是什么意思呢？就是往下、往前，往下推一下，掖进去，这腿能够拿起来，为了这腿能拿起来。这腿能起来，这就虚实分清了，拿不起来，虚实就还没有分清。然后再起来，并步。并步的时候注意二指作轴，拇指翻转，使两胯有一个这样的作用，不是扭转，也不是下蹲，而是一个螺旋形的下来。它是这么一个劲，这腿才能拉得开。这时候再掖一下，再走。起身的时候注意,是胯起来的,不是前面起来的,用这两个胯起来,起来以后人有点好像这么一个面积似的。再走、再掤、再起,二指为轴,拇指翻转,送出去以后,这手掤掌,注意有一个这个掌法,起来。

变钩怎么变呢,再做一个掤过去,起来,变钩时先推掌,再推掌的部位变钩,这手补这儿,拉一个单鞭。拉单鞭注意,有点这种劲,这个劲有什么作用呢?它可以走起来,下面收式。

单鞭,还有个式子叫斜单鞭,斜单鞭跟这个就不太一样了。八十三式有个斜单鞭,三十七式没有,到这儿松过来以后,这腿是这个劲。

撑足跟起来,它下面开一下要走这种式子,变抱七星。所以我们说有一个练拳的原则,就是你这个动作下面要接什么动作,必须把这个式子做好下面接动作的动作。比如说我提起来,我提起来为的是下蹲,我下蹲为了收式,收手,收手为了下按,下按为了转移,转移为了出手,出手为了抱七星,抱七星为了出腿。就是说这个式子给下个式子做好准备。

如果你晚了就不行了,每个动作要提前有个时间差。要赶出前半拍来。就是说你这个动作要做的时候,在前一点的时间已经做了这个动作的准备了。所有式子都如此,搂膝拗步也是这样。所以我们的架子有连续性,接住手以后,我的下式就有了。

太极拳往复折叠,循环无端　周世勤演示

刚才说的是练拳往前赶的情况，但有的时候是往后赶的。它为什么还要往后赶呢？接手的时候，它有一个拿劲，你来手以后，它往后赶了半拍，我多走了一点，我再回来，"望"他一下，就叫化力，往后走了半拍再往回走，有的往前赶半拍往回走。这个就是往前赶走一点，收回一点来，这时候你才能上腿。如果你直接就到位了，重新再走，那等于重新走，没有连贯性。所以架子从头到尾是一个式子，从开式到收式是一个式子，中间有许多的往复折叠。

所以拳术讲的话叫如环无端，它是一个圆的意念，而不是完全圆的结构，因为圆的结构要从里面走出来。但是意念绝对要圆，为什么？就是这样接口。好多式子都是这样，揽雀尾，在太极拳里面是一个比较基础的一个式子。你按八十三式来说，是九个揽雀尾，一个揽雀尾后面跟八个动作，这样过来的。揽雀尾是什么呢？是掤、捋、挤、按、采、挒、肘、靠都在里面，这是一个式子，回来以后这是采，这是挒，这是上挒，这是回捋，这是挒，所以掤、捋、挤、按都在里面。但是这里面它要有一个要点，就是有一个"上下相随"，《拳经》讲"上下相随人难进"。什么叫上下相随？上边跟下边是互相随的，有的时候是下边随上边，有时候是上边随下边，这一点我们要在架子里面注意。练习拳式的时候，上

太极拳势揽雀尾　　翁福麒演示

边做主动和下边做主动是交替的,这时候上边做主动,跟着又是下边做主动。那就等于这个式子是上边主动走,下边跟着它走。这个动作是下边主动走,手跟着它走,这个动作又是手主动蹲下跟它走,下边是下蹲主动,手跟着它走,到这以后手主动,腿跟着走,下面是腿主动。

你看这个上来以后不是手主动,是腿主动,是腿把手轰出去的。这个地方是手主动,腿再动,这个地方是腿主动,这个地方是手主动。所以我们说这个架子它是腿主动、手主动,手主动、腿主动。它是反复实施的。这些练法的依据是什么,是太极拳的阴阳之理,是太极理法的具体体现。你明白了太极理法,对这些练法才能做到心中有数。

相随,"随"是什么意思呢?"随"是"随机"。就是说你两个东西中间的接头叫"机",佛家讲叫"研机穷理"。"研机"是什么?就是找事物的头,就是两个接口的地方,研究这个地方,是变化的关键。太极拳阴阳的变化,那个临界点,就是"机"。研究太极理法,这个关键点不可以忽视。

阴阳变化,得机才能得势 翁福麒演示

一个"抱七星",是这样来区别的,这也是我们太极拳的一个原则,就是说上边主动带下边,下边主动带上边,但是它要随机,需要的时候这样做。

我们所说的"抱七星"还有一个整体性的涵义,这是太极拳的又一个理法要领。太极拳中把头、肩、肘、手、胯、膝、足这七个部分叫"七星",这七星就是说我们身上所有动作的关系,因此它也就包含身法了,比如说松肩、坠肘、松胯、提膝、竖腰、立顶、含胸、拔背,这些要领合在一起,太极拳的整体性、协调性就出来了。

太极拳要体现整体性,协调性　刘伟演示

余功保

太极拳的整体性是由各个局部要领来贯通的,局部要领正确了,整体的协调性才能真正实现。局部要领不正确,整体性就不会协调地很彻底。太极拳的理法,从形式上是相对整体性而发的比较多,但实际上是要贯彻到各个局部的练法中去,局部要领出问题,整体上一定有问题。

高壮飞

我们不能忽视一些局部的练法,不正确了,往往要出大问题。比如膝盖的问题,因为现在有很多人练拳,姿势很低,膝盖出去了,它不是提膝,而是弓膝。我们要求的膝盖是提膝,松胯,这腿能起来,假如你弓膝的话,这腿脚起不来,这样膝盖要受伤的。

还比如,我说腰动,那你的胯必须得动,你裆必须得动,你不是单纯的腰动,它是一个整体性。在松腰过程中,你光松腰,你的腿就不能自如地动。一松胯腰就下来了,胯往下一沉腰就上来了,我这裆一开,我这臀就下来,它总是一个互相之间的关系。所以我说身法是一个相互的关系,为了什么,为了保持一个垂直性,身法基本保持一个垂直性,松直是太极拳的基本形态。

太极拳之理根于阴阳,明阴阳是太极拳理法的重要一环。依照阴阳和谐的规律练拳是太极拳的一个重要要领。

高壮飞

阴阳的问题不是简单的重心转换,还包括内气、内劲的转换。比如我一接手,我用阳面接他,接了我用阴面来走,这叫作"负阴抱阳"。阳面接触是感觉,阴面走是运化,两个不能一块,假如用阳面走的话,那就走不开了。接触了以后,我用阴,什么叫阴呢?就是里面的气化。阴阳在这里一个是动作,一个是气化,用气化来走这个动作。这是阴阳理法在推手接手上的一个应用。不管你用阴阳也好,用科学道理也好,用经络穴位也好,你的研究是太极拳必须符合太极拳的拳理拳法。

太极接手负阴抱阳

翟维传

太极拳总体是一个阴阳变化。具体的阴阳从身上分,两个胳膊、手,这叫开合,虚实,两个腿分的是虚实,都是阴阳。再一个就是进一步,退一步,腿也是分阴阳,这个阴阳在身体里分得很全面,可以分多处的阴阳。

阴阳相济,虚实相应　翟维传演示

比如说王宗岳《太极拳论》说"左重则左虚,右重则右杳",意思是左重则左虚,也是让对方琢磨不定,也是个走的问题。王宗岳只是说了一半,在李亦畲这个拳论又给补充完善,"左重则左虚而右已去",它又形成这个了,就是左重了我左要走,可是我右已去了,这就是一个走一个站,形成阴阳相济了。

余功保

阴阳在太极拳中既是抽象的,又是具体的。抽象的,就是它无大小,无内外,无定势。具体的,就是它贯穿在每一个动作中、每一个身体部位中。

翟维传

身体每一动都有阴阳,比如手上的动作配合,两个手之间,肩跟手之间,肘跟手之间都可以分成阴阳，手一变化，这一走架，一走劲，阴阳就有了。拳势形成中，这个走，这个步，它在移动的时候都形成了阴阳动静。

再一个，从阴阳上说，从开始又到手里小的，小到什么程度，这个阴阳相济，小到什么程度，小到你肢体的阴阳。比如说我这一转，我这面是阴是走后，这面往前就是阳，就是小到这个程度，这一转，这阴阳就有了。

阴阳无处不在。我比划一个指头，这个指头一点你，这个也可以进行阴阳调整。整个手掌，都可以调整阴阳，它根据阴阳相生相克的原理来做变化。比如说手前面一碰对方，一下就推出去了，这就是一个阴阳的调整。阴阳在层次不同的情况下有不同的认识。

通过手掌的变化可以调整阴阳

"中正安舒"是太极拳的一个核心要领，要求人的身形要正，同时仪态也要正，这样才能实现气正、神合、舒畅、自然。

祝大彤

"中正安舒"是练拳的第一个条件，我在《太极十三篇》中写的是"安舒中正"。最关键的是，心神意气安静、安舒，这样才有肢体的松开，所以大家在练拳的时候一定注意中正。比如起势，一般各种拳都这么起势，随便一站，松左脚，实右脚，开。这个表面看中正了，但神意不中正也不安舒，就起不到很好的效果。修炼太极拳，就是内心修个"静"字，安静的静，外边是干净的净。

做到神意的安舒，才能真正实现形态的中正　祝大彤演示

先安舒后中正，这安舒就是心神意气安舒，才有外表看上去的中正。有人练拳这样猫腰了，就不中正也不安舒，如果你做下式，不在高低，在正，如果说提手上式，这也是正，不管方向怎么变化，还都是正。"中正安舒"不在架势的高低，要安舒中正，里边的心神意气安舒了，就是松开了，外形就是中正了。

我最近看有的名家的推手光盘，老是在猫腰，跟对方猫腰，这个是一个师傅一个传授，反正我要注意中正。我见过的北京老前辈，比如崔毅士、汪永泉等都是很安舒中正的。汪永泉大师推手时候，他就是这么站着，我就问他了，我说杨式拳都是大步，你为什么小步？他说灵活，他就这样，他的大弟子朱怀元也是这样的，没有一个猫腰的。吴图南先生也是这么一站，他也没猫腰。杨禹廷大师也是，他总是这么松空地一站，就是安舒中正了。

太极拳"揽雀尾"一共八动，方向有变化，来来回回都是正的。手尖、肘尖、脚尖互相说话，变化很灵活，但中正是始终保持的。

我练拳的体验，没前没后没左没右，是浑圆的。你往前一走，后面一推丢了，一碰就丢了。所以，往前去也是正的，我往后去还是正的。我做一起势，你攥拳头推我，如果我有猫腰动作，就站不住，被你推出去了。如果我中正了，我这一松到顶了，我自然开脚，你推我没有影响，推不动我。如果我现在站得不正，轻轻一推我就站不住了。我如果站正了，用力推，使劲推不起作用，为什么？我中正了，我里面安舒了，外表中正，推不动，使劲推对我没有效果，我还可以动，脚下随便动。

所以，要松开，要中正，必须心神意气安静，松开，外表就松开。

汪永泉先生拳势　揽雀尾

太极拳起势　祝大彤演示

乔松茂

从身法上一定要把脊梁骨竖起来。老前辈们说，脊梁骨竖起来，才会分虚实，变阴阳，如果脊梁骨不竖起来的话，那就一辈子也分不清虚实。无论是精气神的运用上，还是在形体上，要求是"周身一家脚手随，一动无有不动，一静无有不静"。

乔松茂演示太极身法

祝大彤

太极拳的理法说深刻就很深刻，说简单也很简单。说白了，我从汪永泉大师那得到的一点重要东西，就是"一致"。

这"一致"包括你身上所有的动作应该是"一"。比如汽车四个辊轳一块儿转，不可能三个辊轳转一个不转。王宗岳有一句拳论是这么说的："太极者，无极而生，阴阳之母，动静之机。"我提出了一个中轴线，如果你做单鞭，手不要动，太极拳就不应该有手，有人练太极拳就在那晃悠手，不对，太极无手。我为什么说中轴线？鼻子是中心，我站这儿，鼻子这动不了，怎么办呢？实手作为鼻子出来了，太极拳最忌妄动，我走到哪儿鼻子就到哪

祝大彤太极拳势

儿，手到哪儿。

太极拳是一种道，本质上来说不是用来比赛的，是自己在修炼你的身心，悟道。我们要修松、空、虚、无。松是松柔，这柔可能就是松筋，肌肉都有了。松静，心要静，还有一个要松净，这干净跟太极拳也有关系，就是你们看不见的地方，心神意气要静，看得见的地方都要干干净净的。看见脸、胳膊、身躯要干干净净，怎么干净呢？阴就是阴，阳就是阳，无极就是无极，分不清就是不干净，不要搞不清楚里面混混沌沌的东西，不是，要很干净。所以我们提出来，它的最高境界、上一个层面是什么呢？静，极静。

太极拳最重要的理法就是自然，自然了就舒服。我教拳就提出来，你的步大小没有要求，你舒服就行。咱们练内功修的大道。有人说"大道太极"。问题是你怎么练得大道？首先要练好基本功。基本功从脚开始往上练，从脚往上练我有根据，王宗岳说"其根在脚，由脚而腿而腰总须完整一气"。你得从脚上练，你不能从头上往下练。

还有一个大家绕了好几年的弯路，绕不出去，现在我跟大家介绍一下。"顶"，你看那太极拳书上，"顶头悬""竖腰立顶"，顶说得挺多，有的老师把顶说成不得了。

我们练拳，讲究松就到顶，为什么要提出竖腰立顶呢？后来我提出要减法练拳，为什么提减法？我觉得减法最高明，减法最方便，减法最自然。练太极拳要从脚往上松，松到手梢。原来我也走了很多弯路，竖腰立顶，越竖就越竖不起来。太极拳要练顶，人类自然有顶。你的脚平松在地，起码你的脚要放在地下，不要踩在地下。说我用武术的方法练拳行不行？不行，此路不通。因为我们从小看武术，我练太极拳用这种方法，不行，你练几十年也练不出来。如果用人类日常活动的方式去练太极拳行不行？不行。比如人类活动方式之一走路，它跟太极拳不一样，太极拳没前没后没左没右，我体会的，你不能有往前去的意识，走路潜意识就是往前，跑、跳、上楼，它有潜意识，它就这么做了。所以人类走路方法与太极拳有所不同。

太极拳是减法，大家可以体会一下。你先减，你如果迈左腿，把左腿的重量减掉，加在右腿上，你才能迈步，迈完步以后减右腿，加在左腿，右脚迈上去了，这很自然的事。有人会说走路谁不会，研究那个干嘛。这个是太极拳，你减完了加，现在我要不说这个加字，你就减，不减你没法迈步。所以你要练太极拳，研究你走路，练走路，你的太极拳内功就来了。原来有一句话"行气如九曲珠"，我就琢磨了，这"九曲珠"是什么？到现在闹不清的人太多了，我把它简单了，破译了，就是九大关节你要放松，腰是最大的珠子，四珠，脚、腿、胯、腰四个珠子。

全体透空是太极境界　祝大彤演示

那么，练拳你得有体能，足球运动员三千米跑，散打运动员三千米折返跑，那咱们太极拳得有要求，你练太极拳，要求你，你的体能是什么呢？我说一个，关节要松，要节节贯穿，虚灵在中，这样练就出太极拳的体能。

太极理法中还有一个字很重要，"空"。空是什么？《授秘歌》大家都看过，《授秘歌》的第二句："全体透空。"身上空，练空了。练空我有一个说法，就是肩以下胯以上，胸腹要空，这是一个要点。

咱们这胳膊，你要是不练太极拳，你胳膊是肉的，骨头的，你练太极拳也是肉的，骨头的。但是加一条，这是无数点，上亿个点组成的一只胳膊，你要松的时候，松到什么程度，松到肌肉、肌群之间，肌肉与骨头之间都要松开。

还有一点，"虚"。就是虚灵。武禹襄有一句话："虚灵在中。"提到虚灵了，虚灵是什么东西？简单说就是"粘黏连随"，摸哪儿哪儿虚灵。

中国传统太极拳论是太极拳理法的精辟体现与浓缩。它们从各个方面、各个角度、各个层次阐释了太极拳理法的内涵。这其中最为杰出的代表则是王宗岳的《太极拳论》，这是一篇太极拳练习的必读文章，是太极理法之纲。

阮纪正

王宗岳《太极拳论》的基础就是周敦颐《太极图说》,他就是用太极的基本理念去描述太极拳整个的操作方式。整个理学框架是中国武术理论的基本框架。中国武术的架构,我认为是一个非常开放的结构。比如后来到了新文化运动里面,它大量吸收了西方的一些文化,哲学、理论学、教育学、心理学、生理学、解剖学、物理学、力学等等,它不断在吸收有益的营养,不断来扩展自身。

余功保

王宗岳《太极拳论》是传统拳论中系统性比较强的一篇著作。它的一个显著特点就是重点论述太极拳的理法,不是停留在抽象的理论上,而是涉及到很多练习的要领方法,但又不拘泥在具体的招式练法上。所以王宗岳《太极拳论》既具有很强的实用性,具有实际的指导意义,又有高屋建瓴的宏观视野,这就决定了它在太极拳发展中特殊的历史地位。

拳谚说练拳先明理,理法是太极拳练习所遵循的基本原理和法则。理法是透彻理解太极拳拳法,是练好太极拳的前提条件和关键步骤。

钟振山

所谓的太极拳,第一要求的是静。所谓的静,它是起到三个作用,一个是思想静,再一个是虚静,就是达到忘我,把自己都忘掉,所以在这种静的情况下,才能达到心静,真正的心静,只有心静了以后,你的神经系统才可以达到这一种调节。再一个静是肢体上静,全体一动无有不动,一静无有不静。就是全身的肌肉关节要静同时静,要动都要动。像古代拳论说的"动中有静,静中有动",静包含着动,动又包含着静。所以说静不是死水一潭,而是在为动做准备。

我们练太极拳提倡松、空、虚、无。

"松"是松动,不但松筋骨,还要松肉。

"空"在唐朝李道子的《授秘歌》,他提出来"全体透空",身上都得空了。

"虚"是虚灵,是轻灵,也可以说虚是没有。因为太极拳讲阴阳的,阴是虚。

"无",我们练太极拳不是乱动,无形无象。

太极拳练的是什么呢?最高境界是静,心神意气的静,极静。你安静下来,你身体全松开了,有时候我面带微笑是便于放松。拳论有一句话:"由着熟而渐悟懂劲,由懂劲而阶及神明。"咱把它分三个层次,着熟是一个最低层次,再往下练就是懂劲，这就是中等层次，到神明就是上层次，就是最高的境界了。

静是太极拳的重要理法要领　钟振山演示

太极拳层次已经很清楚，着熟是小学，懂劲是中学，神明是大学。你在小学的层面上，你就不知道中学那些事情，你在中学就不知道大学那些事情。所以你站在这儿说你说不清楚，有的时候就牵扯到学术争论、学术讨论问题。你到了神明阶段，什么叫神明？《黄帝内经》说阴阳是神明之辅，到了这个阶段，你就明白了，有阴有阳，对方就弄不了你了，就像我坐着为什么你推不了我，我能起来呢？就因为我用阴阳了，所以阴阳是神明之辅，到了神明阶段。如果没有懂得阴阳，到不了这个层次，你看的问题还是属于局部的而不是整体的。

过去老前辈们总说，说你练到李亦畬《五字诀》，这武功你要练上了身，就七成功夫成了。当时很不明白，练了一段以后，因为比较年轻，心里想着这个问题，再次问老师，问师傅，说我多长时间练成，师傅的语言很简单，说你把武功练上身就行了。什么是练上身？就是要由"心知"转换为"身知"，身知了才是懂劲。我才明白了，"身知"就是七成功夫的一个起点，它讲究的是一身具备《五字诀》，你把这五种功夫，一曰心静，二曰身灵，三曰气敛，四曰劲整，五曰神聚，都要练上身，由心知达到的身知，身体知道，练上身以后，你的功夫就七成了。

练太极拳就是把太极理法的心知转换为身知的过程　姚继祖演示

其实作为太极拳本身来讲，慢是一种运动的表现形式，它也是可以快打的，速度也是很快的。只不过现在在这方面传的人不太多而已，或者不明就里，只是从缓慢这个角度去体现太极拳，这是其一。

太极拳慢中寓快　钟振山演示技击

其二是太极拳以静制动，它把快的速度隐藏在慢的里面了，它随时都可以变化出相当的劲力、速度。练过推手的人都有这种情况，明白其中的道理。它的感觉是相当灵敏的，它慢是为了更好地消化，将快速的动作经过慢的演练，对于气血的流通，劲力的贯穿，运劲如抽丝等等这些方面，对要领能更好地进行体悟和上身。

练习太极拳要领很多，这里我强调一个重要的方面，就是膝盖的问题。大家在练习的时候，对这问题要高度重视。人老先老腿，我们练太极拳的目的，首先把我们腿部的力量加大，增加腿部的力量。我们现在练拳先练桩，练桩这是很重要的。太极是活步桩，每个动作都是桩，所以我们把腿部的动作做好。要领要正确，不要把关节练坏了，在练习的时候，一定要注重膝、腿、脚之间的关系。

膝盖对脚尖，劲力顺达

有的人练拳有膝盖疼的情况。膝盖疼的主要原因就是膝盖没对着脚尖。练拳中由于时间比较长了，承受身体重量等原因，出现大腿外侧、小腿有些酸疼是正常的，而不应该是膝盖疼，如果膝盖范围有问题的话，一定是练功不得法，出现了偏差，所以这个应该注意。正确的方法就是膝盖对着脚尖，不出现脚脖子拧、膝盖拧的状态。

太极拳练意的奥秘

在传统太极拳的理论中，意是一个被反复强调的要领，如"意气君来骨肉臣""用意不用力"。用意成了太极拳区别于其他运动的一个重要标志，用意使得太极拳的内涵更加丰富。太极拳的健身与技击效果也与用意关系密切。

那么什么是太极拳的意，它在太极拳中的作用是什么呢？

余功保

在中国的太极拳当中，练意是一个非常关键性的问题。说它关键，主要是从两个方面来考虑的。第一，意被认为是太极拳当中一个非常核心的问题，可以说没有意，太极拳的练习就失去了它固有的特色。在传统的拳论当中非常强调练意，把它摆在了一个非常高的高度。比如说，讲究"意气君来骨肉臣"，把意比作君主、主宰。比如说还强调用意不用力，太极拳讲究练习，你的动作、你的外形要服从于意念的运转调度。在练习过程当中，要用意识来引导，所以叫作"用意不用力"。如果没有意念的参与，太极拳可以说它就剩下肢体性的时间、空间的运动了，很多人就把这种方式叫作"太极操"，有没有这种意念的参与就是衡量太极拳有没有内涵的一个标准。

另一方面，因为意是一种看不见摸不着的东西，历来对意的解释也有很多种，所以大家在理解太极拳的练意当中产生了很多的说法，也有各自的理解。正因为这种原因，也有很多人在练意当中产生很多歧解，甚至走入歧途。所以，准确、客观、科学地把握太极拳的练意，是练好太极拳、科学习练太极拳一个非常重要的问题。

练意赋予了太极拳很深的内涵

太极拳中的意是基于人体生命的物质基础上的一种思维活动，但是它不同于一般的逻辑思维的方式，它是一种特殊的精神境界、精神状态，它可以是专注性的。比如说专注于某一个目标；也可以是发散性的，比如说它是一种空虚的精神的状态。这种意是不能够脱离人体生命的物质基础而存在的，但是这种意的有效的调动，可以产生很大的能量，它可以将人体内外的生命潜能发挥到一种很大的程度。太极拳当中意的锻炼，就是来净化、增强人体生命的这种能量。

通过意的锻炼，增强人体生命能量　汪永泉演示

《太极拳论》说先有意动而后有行动。太极拳的任何动作都是在意念支配下的运动，在意的综合调配下，人体的四肢、呼吸、行气等内外各种因素协调运转，形成了意、气、形合一的动态平衡。

余功保

太极拳的锻炼究竟要不要意念呢？这个好像不是一个问题，因为太极拳都讲究意念，各个流派都讲，《太极拳》论当中也有很多关于意念的论述，但是有的人懂，有的人不懂，人云亦云而已。其实这个事情也远没有那么简单，因为有些拳家认为，运用意念就是不要意念，要虚、要空，要去掉任何的意识的因素，这样太极拳才能进入到一种静的境界，只有静了，生命的本源、生命的内在的能量才能激发出来，才能够通过拳式的锻炼，来达到身体内外的高度统一、协调合一。所以研究意念是一个很深的学术问题，大家对意念的不同的说法，实际上反映了对意念不同层次、不同层面的理解。

阮纪正

对于太极拳的意，各种解释都有，它有很多个层次。据我理解的意应该把它简单化。它主要是两个方面：一个是操作上来讲，叫意识引导动作，就是动作的目的指向要清晰，动作运行的路线要清晰，哪里发力，力量通过哪里传递，这个走向要清晰，这就叫意念指导动作。第二个，就是最后追求那个目的归宿要清晰，归宿是要返璞归真，归根复静，归宿，最后追求那个目标，这个意念要清晰。操作过程，运行方式、力量配置、力量运行、操作方法要清晰，我想主要应该是这两个方面，弄得太复杂反而弄得不知所云。

没有意的练拳是散漫的，是无神的，因此练意是太极拳的灵魂。杨澄甫在其《太极拳十要》中专门论述用意不用力的精妙之处。"若不用力而用意，意之所至，气即至焉。如是气血流注，日日贯输，周流全身，无时停滞。久久练习，则得真正内劲。"即《太极拳论》中所云"极柔软，然后极坚刚也"。

阮纪正

太极拳的练意，它强调的不是外在的那个动作，更多强调出自自身内部成分。其实整个中国文化，特别是宋明理学，注重的是心性修养的功夫。宋明理学是心性修养往内走的，所以它用意不用力，太极拳的理论基础是宋明理学的性命双修。特别是关于心性的训练，对太极拳影响比较大。因为按照宋明理学的观点，人的所有行为都跟你的人性发挥是有关的。要怎么样安顿你的心，要怎么样修性，这是处身立世的基础，也是太极拳的基本含义。因为王宗岳是个儒生，它在那儿当一个教书先生，当时主导思想是宋明理学，所以你要理解他的拳论，从宋明理学入手，我想还是应该有道理的。中国文化心性修养的特点，在太极拳中得到了充分的发挥。

太极拳的意体现中国文化的心性修养　董茉莉演示

当然，一个人心性的修养是要和社会的整体规范相适应的，不能脱离社会环境。如果你过于执著于自身的感觉，把外在社会规范全取消，一个人内心他爱怎么想怎么想，这个东西就走偏差了。

郝宏伟

太极拳开宗明义就是用意的。特别是技击上，用意来训练，是一个重要方法。比如《太极拳体用全书》中，杨澄甫就讲解了很多用意训练技击的话，如：假设对方用右拳打我，我以左拳粘其肘，以拳由腰而出，敌必跌出。假设性训练，就是你要用意。如果你摸不着对方的劲，你也用不了力，你是以假设来支配你的手，用意但是你用不上力。训练的功夫到了，在实战中，意到则气到，气到则力到。

马伟焕

还有一个意思,用意不用力是个反应问题,在自由搏击别人打了你,你还不知道是什么事儿,还没有那个反应。所以现在手要快,但是手再怎么快法,快不过你的意,所以意一到我的手就跟着到了。最重要是启发了你那个智慧,用那个意。

马伟焕太极拳势

太极拳的意也体现了练拳的境界,它赋予拳术动作以生命力,使每个单独的动作连续起来构成了一个具有活力的大的系统,也就把整个人体练得更具生机。太极拳的意在其整个架构中举足轻重,那么如何练意呢?

阮纪正

作为一个个人内心修养这点来讲,它有它的合理性,但用在技术上,我更看重除了心性修养那个追求目标,更注意它怎么用意念指导动作,也就是力点的配置和运行的方法。比如挒劲怎么走，力量就起根于脚发于腿主宰于腰，怎么由脚而腿而腰，怎么走的，这里面意起到了引领的作用。

太极拳中有张三丰观蛇雀斗的传说。看看这个蛇头，蛇头是有眼睛的，它要盯着目标的，所以前面一定要有引领，梢节、中节、根节要很分明，分清这三节的功能是什么？梢节在引领的时候，中节怎么跟随它，并且起控制杆的作用，根节怎么给它逐步的催力，催他过去，要知道力量的配置和运行那种操作方式。任何一种操作要做好，必须力量配置和运行方式要清楚，它才能够进得去，否则都仅仅是外在模仿。

练意就是练的这种配置和运行方式。

意念指导动作的运行方式是练意的重要内容　齐一演示

高壮飞

什么是太极拳的意,我们把它加个"境"字,它有一定的境界。"境"就是一个环境,一个大的环境、一个小的环境。境有一定的界面,这个界面就包括角度、层次这些问题,它是形象思维的一个比较具体的概念,但是我们用练拳的方法来把它练出来。这里面牵扯到人体的神经活动、左右脑的活动,还同时牵扯到经络活动。通过太极拳研究经络,也是一个方法。一个关节附近有一个穴位,就是一把钥匙开一把锁。比如说我们的腕关节,我们这样动腕关节是两个桡尺骨跟腕形成的关节,但是我们想这有一个"阳池"透"大陵",用阳池找对方,这样的话太极拳的动作就不是单纯的一个动作了,而有意念了。为什么有意念呢?你回去可以试验,用阳池一透大陵,这时候会觉得腹部里面有一种胀的感觉,这就起到对丹田的锻炼作用。所以说太极拳的内功不是简单的动作运行,有意念参与。

太极拳的动作有了意念就由外在运动成为了内在的运行　孙德明演示

我们在练拳的各个环节，包括呼吸等都有练意的内容。因为太极拳是一种内功拳，意念的参与是必不可少的。呼吸方法很重要，有的人吸气时用腹肌来使劲，呼气用腹肌收缩，他说这是腹肌呼吸，但是这种呼吸，恰恰把你的整个呼吸系统破坏了。因为我们横膈上下是胸腔和腹腔，我们一松腹腔大了，那横膈就上来了，腹腔下来了，腹腔跟胸腔两个互相配合，练内功要空其胸实其腹才行。我们怎么样来引导腹部的丹田发挥作用？有几个地方要注意。一个是外劳宫，我的外劳宫觉得一热的话，丹田就有一个这样的感觉，即阳池透大陵的感觉，有一个收缩的感觉。我们认为这种整合作用，应该是气的运化，而不是说单纯腹肌的动作会造成什么。假如说我们这么动的腹肌没有感觉，阳池透大陵，这腹部就胀一点，劳宫有一个扩散作用，这就大一点，把感觉扩大。我们在这里头，这手搁他到身上以后，我们的从外劳宫一扩散到全身，腹部一扩散，这时候产生丹田里面的旋转作用。

还是说"揽雀尾"这个动作。这手是常伸的，伸了以后你的眼神应该出去，再动眼神跟身体脚底下是一致呼应的。往回拿手的时候，我们用小指，小指从这儿到神门，神门恰恰是什么？管这个脚，这个脚就动了，脚一动身体回来了。然后拿下来，通过外劳宫，这腰胯就下去了，完了翻转时候，通过外劳宫，外劳宫一托这手就起来了。它就整个代表下肢，下肢的动作要听上肢来支配，下肢的动作再支持上肢，再给上肢一定的力量。大体情况下，人体肌肉上半身、下半身是两种，上面叫曲线肌，曲线肌是什么，就是你大脑支配动作的肌肉。比如说我想拿这个，腿底下肌肉叫紧张肌，它本身总是处于相对紧张状态，要支撑你全身，它基本差不多是自动的，而且下

太极拳上下相随　高壮飞演示

边的紧张肌有一点特别好，它反应回来让你大脑循环好，另外一个让脑细胞活跃。这样的话，我们用曲线肌跟紧张肌去结合，上下相随人难进。怎么随法？它不是说我上下动，底下动，那不全面，而是要相随。"随"是什么呢？相随是上边随下边，下边随上边，互相的关系形成一整力，这也属于气运身的关系，但这个"随"必须要有一定的部位加经络。

太极拳的练意方式有多种，常见的如意守，即意念集中于某一身体部位，或某一具体形象，甚至某一概念。冥想，即想象某种景象，某种感觉，引导身体去融合、适应、体察这种想象。引导，即意念引导身体的空间运行。无论是哪种形式的练意，应该处处时时存在。武禹襄在拳论中说："上下前后左右皆然，凡此皆是意。"陈鑫强调说："打拳心是主，以心为主，五官百骸无不听命。"这里的"心"就是意。

乔松茂

"行气如九曲珠，无微不到"，这就是要求我们在习练拳架的过程，或者搭手的过程当中，在慢的状态下运作，在"彼不动，己不动"的原则下运行，使得意念贯穿于四肢百骸。

练拳要求"神聚"。它的"五字诀"当中说："神聚则一气鼓铸，练气归神，气势腾挪。"它不是要求讲究神移，它是要像激光似的有穿透力的这种感觉，神聚。修身易，修心难，我们也常听到一句话，叫作"弄形不弄心，弄心世上无完人"，所以可见修心就是修养，是很难很难的。你的意识到这儿了，你的拳架才会练出那种神态来，意志力、精气神才能达到完整的统一，太极拳的特殊点就在这儿。在成功的路上最大的阻碍就是自己，所以我说，只有克己才能修成太极拳。

乔松茂太极拳势

刘建波

太极拳最高境界的到达是用体悟，而不是像学数学"1+1=2"那么简单，它属于立体、多方位，完全是一种"知觉运动"，这种知觉运动必须通过花上时间，静下心来去琢磨，而且通过老师的指点，真正能达到一种从体悟达到一种思想上的飞跃。所有的这些运用实际就是需要运用意念，就是太极拳所说的"练意"，来刺激大脑。武术运动不光是一个单纯的身体上的锻炼，最主要的是刺激大脑中枢神经，使人们达到一种末梢神经的发达，通过末梢神经的感应，反过来刺激身体发达的机能和各个方面的免疫功能，抵御外来的疾病和污染。

刘建波太极拳势

练意还要正确处理好意、劲之间的关系，劲为有形，意为无形。拳论说"劲断意不断"，因为意不断，所以表面看起来断了的劲其实也没有断。

徐忆中

所谓意你是看不见的，心你也看不见，脑、思想就是意。以心运气，以气运身，一个动作做好了以后，我们有很多动作，基本要求虚灵顶劲，双目平视，舌抵上腭，沉肩坠肘，含胸拔背，气沉丹田，这一套基本东西都是在意的贯穿下实现。学太极拳的先要自己搞会，关键在于正确运用意念。

无极桩，没有分阴阳，一分开就有了气，分开就是用意来引导。用意导引气，意到丹田，气就到丹田，意到手指，气就到手指。这样讲讲容易，实现起来还是要下功夫。身体松了以后，意到气到，气到劲到，意在气先，意气劲，一贯的，好像弹簧，全身都要松了。如果没有放松，像钢铁一样怎么都没用。

徐忆中太极拳势

在拳式练习中运用意念的具体方法有很多种,有的是在动作中突出技击意识,有的是在练拳中意念寻经而行,即按照一定的经络路线或者穴位进行意念的活动,还有的是用意念引导一定的动作要领,调节身体符合太极状态。

高壮飞

太极拳用意念来锻炼穴位是一种独特的方法,我的老师王培生就教导过我们,我自己也有一些体会。我觉得如果掌握好了太极拳意、气的穴位锻炼法,对于体会太极内功是很有帮助的。

用意使身体穴位相合　高壮飞演示

举个例子,"肩井"跟"涌泉"的关系,在太极拳里面是非常重要的。肩井穴跟你的涌泉穴是个垂直关系,它是一个重力线,是跟地心垂直的。人是跟地心垂直的,所以身体动作就非常自由。假如说肩井穴没有跟涌泉穴合,我一动作以后,它摇晃。你可以扶着我这胯,我肩井穴到了涌泉穴了,我一动以后你看,它形成了一个转劲。假如我肩井穴没有跟涌泉穴合上,动起来就会摇摇摆摆。怎么合?关键还是意念。

是用意念想,从肩井到涌泉的合是个意念过程。想什么?就是想你跟地心的吸力结合了,因为地心吸力它不是一个死的东西,但是你必须垂直,这是太极拳的身法。我们拿一个东西,垂直是它的自然状态,所以人在练拳中,从肩井到涌泉,它是一个自然垂直的,你扶着我以后,我很自然垂直了。

我们的太极拳是在你垂直的基础上耍起来,所以我们盘架子时,应该要求肩井通涌泉,怎么走肩井也跟涌泉是垂直的。这个过程要通过意念来实现,为什么呢?它不可能用力量来垂直,只能用意念来垂直。

意念垂直还有个特点,就是不管你身体外形怎么变化,它都是垂直状态。动作外形起来是垂直,下来还是垂直,到这儿还是垂直,弯曲也还是垂直。所以这个意念一会儿不能丢,始终要保持着一个肩井跟涌泉垂直的意念。所以我们说太极拳的力量要有屈伸,要有动作,要有骨骼,要有关节,要有肌肉,要有韧带,这是硬件。但是软件也必须要有,软件就是练意。

在太极拳中练意和练气都是非常重要的内练因素,意和气也互相关联、互相影响,在很多拳家的论述中也往往相提并论。

阮纪正

精气神也好,意气劲也好,都是人体的一些活动,本质上是同一回事儿,但是不同层次,它都是一个功能性的概念,它不是一个物质性概念。现在我们受了西方科学文化的影响,把气看成是一个物质性的概念,恐怕是弄错了,因为它是完全不同的。因为意气劲,或者讲精气神同一个东西,但是在不同层面上进行了分析,神是最高层,气更多着眼于运行方式的那种机制、力量配置,意更多是运行方式背后那种主观意图。

高壮飞

意念是承前启后的。我什么时候要到什么地方去,到了那点以后达到什么作用,我再回到什么地方来,这种过程是有呼应的。比如说我做一个拳势动作,我动作以后，它有一个弧形的，或者说垂直的，或者是直立的、或者是前伸的、或者是下扎的这样的情况，在我们的多层次、多角度的变化中始终有一种整体性的感觉在里面，这也是用气运化出来的，气必须有意。意跟气它做什么？是通过经络过来的，形成了肌肉骨骼的动作，那就是最后形成的劲，形成的力。

太极拳的意念运用是有规律的，最重要的规律是自然，不能过于执着和死板僵硬，如果意念过重还可能带来副作用。

李斌

太极拳的秘诀是有一个气和意的结合。但是我在教太极拳时，刚开始就说不要把这个搞得过重。按照大家理论说，它的血液循环包括气力调整是经过外力去调整，它自然就会有引导。刚开始一定要想着这个气怎么走的话，如果心重了，过了，往往会得不到，不但失去，有可能还会走向歧途。只要你动作做标准了，做到位了，此时要这个意想到了，气和力自然就很结合了，这个标准非常重要。所以说为什么传统武术要有人去指导，要有传统的东西和资料，要有文献还要有口传身授，这个标准非常重要。

李斌太极拳势

阮纪正

阴阳相济，你讲空的东西是个阴，它表现出来是个阳。佛家讲的空的东西在太极拳里很有影响，但那个空是"妙有真空"而不讲完空。"意"是若有若无，无中生有，现在我们理解往往用西方文化理解，就是非此即彼，就把那个界限划得很死。中国文化里面任何东西都是阴阳相吸的，叫有无相生，意念不能太死太重，因为它随时是变化的。佛家那个空是缘起性空，诸形无常，诸法无我，这个含义，不是什么东西都没有的那个含义。就算它处在流变当中，不要执着，不要把它固定化，它不是一个定在，它是一个变幻，是一个生生不已的变幻。老子的从无到有、无中生有、无极生太极也是，它是一种变幻，一种状态的变幻，它不是凭空，是隐显的变幻。

太极的意是若有若无，隐显变化的　李经梧演示

太极拳练意的奥秘

太极拳强调练意并非是单纯孤立的，还要与其他的锻炼要素相结合，如练劲练气等，实现意、气、劲的完整统一。《十三势行功心解》中说的"以心行气，务令沉着，以气运身，务令顺遂"，就阐述了它们之间的关系。有的拳家认为，太极拳的练意实际上是调动身体的各种因素，在练拳的过程中形成一定的场，这种场是具有着势和能量，在养生和技击中发挥着独特的作用。

高壮飞

还有一个问题就是"场势"的问题，我在以前出的书中也有谈过这个问题。有的人来信说，你说这种身外的东西有点玄。其实你练到了，体会到了就不玄了。

我们拿开车来作比喻。你坐在汽车里面，你要开动车，车带着你走，这是一个关系。另外你要看周围的情况，要让车走，前边有障碍物，前边有河，前面是红灯，前边是绿灯，前边要拐弯，你要根据外界情况来指挥你的车走，让车带着你走。我们练拳道理一样，比如我这一站，前边什么情况我就有一个自己的范围，在这个范围内，你有自己对各种情况的一般判断，包括你自身，你和周围环境，以及你的对手的情况。这就是用意对场势进行的基本控制。开车根据不同情况和前车有一个距离空间，你要是到高速路的话是100米、200米的一个范围，你要到十字路口的话，几米、十几米就行了。所以根据你的速度，根据你的要求，中间的间距就不一样。练拳的控制范围也有一个恰当距离，也就是空间范围，这就涉及到太极拳的场势分布。

太极拳有一种场势分布　汪永泉演示

太极拳的场势范围实际上就是意念控制的范围，练意从某种程度上来说就是练这种场势。我活动大了活动小了都不行，我的动作始终是在这个圈里。我们形成的圆是无形的，但是有形的身体必须服从无形的圆。就好像汽车是有形的，你必须服从周围路的环境，你不服从它的话就横冲直撞了。所以你看我们架子练起来以后，它是有一个无形的场。凡是事物都有场，这个场变成我们的场势，变成我们的势能。世界万物，第一个是物质，没有物质不行。第二就是能源，电能、热能、势能等。第三个是信息。我们要利用什么来练习太极拳？要用信息来规划运动，他是这样的信息，我是这样的信息，我结合起来走架是这样的一个信息，我的运动是根据我的信息来做的，那就是说信息规范运动。

太极拳练意的一个基本方法，也是有效的方法，就是在练习太极拳架和器械套路中，时时把意念贯穿进去，做到用心练拳，使每个拳式动作都包含意念内容，这样套路的练习具有了神韵，意念也就有了浑厚与灵动。

田秋信

我们说"用心练拳，拳从心发"，有人领会错了，认为拳从心发，好像从身体正中央，从这个地方发，这个你没办法发。拳从心发讲的是练意、用意。我要打"掩手肱捶"，我如何打呢？对面有一假想敌，它是我刻骨的一个仇敌，我用神意来指挥手，这劲出来眼睛都得有杀伤力的。把自己想象成是一只老虎，应该是好像狼刁住你的虎崽，老虎当时心态是什么样的？它完全是用心的，这个心和意领悟不到，你这拳永远到不了位。那么你想象的是如何规范如何到位，那是一个阶段，不是说不对，到最后应该是用心、用意

陈式太极拳掩手肱捶　田秋信演示

太极拳练意的奥秘

来领着我的拳走,周身为之一振。我走"拨草寻蛇",走的时候这好像挂了一片猪肉,一切到头,一刀两半。砍对方,一拦,这又一推。行拳处处体现出意,处处感受到意,这拳就有味道了。

练拳、练器械都要意念在先。比如练刀,我把一切意念都集中在刀刃上,它的威猛气势才能砍出来。比如"劈山探海",有了意念,这个刀它就有穿透性,没有穿透性没有力度,威力就发挥不充分。这刀它不是工具,它不是一个玩具,它应该是战斗的武器。虽然现在是以锻炼身体为主,可是我们想练好就应该把太极拳的本意、本质的东西练出来,才能对锻炼身体有好处,我们就要把意念做出来。

陈式太极刀势　田秋信演示

太极拳械练习有慢有快，全凭心意控制。我说要慢，从容不迫，我说要快，疾风雷霆，既然是武术，就要有气势。比如护心刀，就有点儿战斗姿态，首先护住自己，我守我疆。另外，要有张力，要威武，来吧，跟对方战斗，这是从神上要出来，神上不出来您空有一个架子不行。进攻的时候，有螺旋搅动，把对方的刀拦截开再出手，对方、对面，我发力点，总有一个假想敌在你这儿，这就是所谓的无人似有人。

护心刀　田秋信演示

久练以后，在实战当中才可以做到有人似无人，打人如薅草。练功不能光停留在口头上，我听到、我看到、我学到、我得到，你没有做到，那叫知识，属于技术知识，只是停留在纸张上、文字上，那当然也是好事了。但更主要的，理论重在落实，如何把这理论落实到你的肢体语言上，真正做到了那才能叫本事。所以我们走刀的时候，就好像一个刃在切割东西，而不是某种为做动作而做动作，动作到位了，却毫无神可讲，毫无刀的力度可讲，这是练意不够的表现。

所以练拳，练器械，就是一个练意的过程，把意始终放在练习的全过程中。

练拳、练刀要练意　田秋信演示

刘明甫

练拳的关键是什么？意。在人的生理结构来讲，意到哪儿气就到哪儿，意气协同。这就是说，一切的东西，人的一切的运动，先有意，再有形，再上气。

你身上痛，什么原因？因为不通，阴阳不合。如果这个气通过去了，那就不痛了，所以要用意引导气通顺，意到气到，意通气就通。

意领导一切。意是心意，心动体有，心要一动你整个的身体就动。所以练拳不要身体乱动，先把心意练好才是根本。

技击关键也是意，我把意放在你身体，我就可以后发制人，你不动我不动，你一动，我就爆发劲力打你。我要打你哪儿，就把意放在哪儿，我的意在你身体里面动。有了意，才能真正实现以柔克刚。

练拳练招，一招一式，基本功必须要正确，不偏不倚。你一粘到我这个地方，我就松，就是一点儿也不让你粘到，这样跟别人推手，你就丢不了，这里面关键就是意。你意不到，你就是无的放矢，你射箭没靶子，意到了，阴阳就能合一了，不仅打别人能争取主动，自己的变化也很灵动，变化无穷。因为意是没有障碍的。

太极拳劲力的奥秘

太极拳的练习是一个循序渐进的过程，《拳论》说"由着熟而渐悟懂劲"。"懂劲"是衡量是否掌握太极技术特征的一个重要标准，通常人们的活动劳作使用的叫"力"，在太极拳中肢体收放往复称为"运劲"。

杨振铎

我父亲杨澄甫专门强调过："太极拳乃柔中寓刚、绵里藏针之艺术。"就解析了太极拳劲力的奥秘。"绵里藏针"的"针"是什么呢？"针"就说的是劲。总的来说，因为它是武术，武术按照最简单的解释就是劲加技巧，必须有劲，然后再有技巧，就是技击的技巧，不管攻、防都是要技巧的。所以"绵里藏针"，你外表看绵绵的，这里面应该是有劲的。

太极拳跟长拳还不太一样，长拳讲的是劲表露于外，外面明显地看见他发劲。太极拳不是，它讲究劲的内含，劲在里头含着。在手型的要求上，就要体现出太极拳劲力的特点。我们的要求是，掌为伸，指为曲，指缝稍离，这样的太极拳手型就能贯彻绵里藏针、柔中寓刚的要领。如果不是这样的手型，练起杨式太极拳很多要领就不合适了。

太极拳绵里藏针　杨振铎演示

所以现在咱们大部分练太极拳的基本上都是这种手形。这种手形，让你不会完全用刚劲，同时也很方便手出劲，你如果需要发劲的时候也能很好地变换。从手法来说，它也有要求，这种掌法，是以击打为主的。还有一个是比较正一点，不是那么斜，正的是以推为主。但这个不打，就是推，往前推。

太极拳中还有平掌、俯掌等各种手型，每种手型都有它的作用，既好看，也好用，结合各个拳势，就能很好地发挥出实际的效能。

所以，要把握太极拳的劲力特点，从最基本的手型入手，就容易体会到它们的精妙，手上有东西，拳里面才能有东西。

太极拳独特的手型　杨振铎演示

冯志强

太极拳怎么避免练成"太极操"，就是要有太极内功，有太极劲。我们认为混

太极劲就是混元劲　冯志强演示

元劲就是太极劲，其他太极拳叫太极劲，我们叫混元劲。在个人单独练习时，它是一种在人体内活泼圆转、随意念流动的能量流；在对练时，它是一种舍己从人、虚至虚灵、刚柔并存、四两拨千斤的内功功法。从养生上看，它是一种出入于丹田、藏于皮下、循经走络、可运于八方的能量流；从技击上讲看，它是一种绵里藏针、以柔克刚、力发一点、点点透骨的内劲，是内在的能量。它的实质是通过混元功法、拳法修炼出来的一种内功劲法，技击上用起来就是"四两拨千斤"。

混元劲要靠站桩功、混元功、缠丝功、放松功及拳法单式的长期练习来得到，要在养生中求得，要在行住坐卧都练功的过程中得到。在另一层意义上，太极劲也是化劲，通过单式就可以练出化劲，这种练法就是"转"，即螺旋缠绕。

太极劲还包括八法劲等技术层面的劲。所以推手可以体验太极劲。因为八法从方位上看就是四正四隅，其实就是一个圆，所以八法劲都须从"圆"上找，这就是混元太极拳所说的"圆活"。离开了"圆活"，八法就没有意义，就是外家的擒拿格斗、跌打摔拿、角力拼命，而非关学理。太极拳是学问、有学理，是智慧、是大道，必要用心去修炼、体验。所以王宗岳《太极拳论》说过一段话："斯技旁门甚多，虽势有区别，概不外壮欺弱、慢让快耳。有力打无力、手慢让手快，是皆先天自然之能，非关学力而有为也。查'四两拨千斤'句，显非力胜；观耄耋御众之形，快何能为？"说的就是这个意思。

另一方面，练拳练功都要"松柔"着练。只要围绕"松柔圆活"，一切就都有了。练拳为什么要养？养就是"合太极"。养的目的就是阴阳调和、气血两旺、五行和顺、天人合一，这不就是合太极么？技击的"合太极"与养生类似，技击要达到阴阳无偏、我顺人背、四两拨千斤的目的，也是"合太

刚柔之道，有无相生　冯志强演示

极"后的效果。所谓"阴阳无偏称妙手""我顺人背谓之粘"都是合太极。之所以说要松柔着去练，是因为"柔到刚自成"，柔劲是有为之劲，刚劲是无为之劲。刚劲的无为是指无意识之为。这种下意识的刚劲是不能通过有意识的刚劲和积累叠加的，它只能通过有意识的柔劲练出来。所以，柔劲是外在的、常态的，刚劲是内在的、瞬间的、灵活的、裹在柔劲之中的，如同"水到渠成"一样。从有为到无为是符合老子道家的"万物顺乎自然"的学理的。

古代太极拳家将太极拳的劲加以总结，达数十种之多，但最基本最常见也是最核心的就是八种劲，即"掤、捋、挤、按、采、挒、肘、靠"。这八种劲也被称为太极八法，它也是太极推手最重要的技术要领。

刘建波

太极拳一般讲基本劲，但更全面地说，太极拳要讲十三式，就是"掤、捋、挤、按、采、挒、肘、靠，前进、后退、左顾、右盼、中定"。

太极拳的劲法都是混合运用　刘建波演示

简单地讲，"掤、捋、挤、按、采、挒、肘、靠"，就是打轮。太极拳搭手就讲"掤"，"掤"就是永远不丢。"肘"和"靠"是连带作用的，唯独"肘"和"靠"是分着用的。这个"掤、捋、挤、按"是混合劲，"掤""挤"和"按"几乎是同时用的，"掤"中有"挤"、有"按"。"捋、采、挒"是同时用的。太极拳打的就是混合劲，"掤""挤""按"不分，"捋""采""挒"不分。掤劲、挤劲和按劲不分。

太极拳的劲力运用还要跟身法相配合。身法有一个五行讲究，就是前进、后退、左顾、右盼、中定，在"掤、捋、挤、按、采、挒、肘、靠"中体现这些身法。这些身法本身也包含着劲法，不管是往这边打还是往那边打，都带有左顾和右盼的劲，前进和后退也都在这个"捋、采、挒"当中展现出来。

余功保

"太极八法"在太极拳中有多种含义。它是太极拳推手中的八种方法，也是八种特点的劲法，从更高层次上来讲，是八种用意方法、思维方法。它反映了太极拳系统对于外部变化的八种应对方法。

"八法"是一个相互呼应的系统，不应该孤立地把着眼点放在每一种单独运用上，而更应认真体悟八法之间的相互关系。在传统拳论中，有人将八法与八卦、五行相对应，就是强调这种系统性。拳论说："掤按像乾坤，捋挤似离坎。掤劲含刚健，乘龙欲上天。按顺坤柔德，从人自不难。捋是刚中柔，顾后更防前。挤乃柔中刚，发劲莫迟缓。知此四正方，不外太极拳。"对于这种思维，不要简单对应，要深入体会其中的意象关系。

张全亮

太极八法是太极拳技击术的精华和主要招法。《太极八字歌》曰："掤、捋、挤、按世间稀，十个艺人九不知，若能轻灵并便捷，粘连黏随俱无疑。采、挒、肘、靠更出奇，行之不用费心机，果能粘连黏随字，得其环中不支离。"《太极打手歌》曰："掤、捋、挤、按须认真，上下相随人难进，任他巨力来打我，牵动四两拨千斤，引进落空合即出，粘连黏随不丢顶。"我们从这两首歌诀中可以清楚地看出，太极八法在太极拳技击术中的重要地位。但太极拳流派纷呈，师传不一，各流派对八法的内涵与外延的认识各有千秋，在理论和体用上也都有自己不同的特点。这就需要我们深入体验太极八法的内涵和外延以及练用方法等。

张全亮太极拳势

太极名家王培生老师认为，太极拳和八卦掌一样，都是以《易》理为拳理的。他在教拳时总是强调"头顶太极，胸怀八卦，脚踩五行"。他认为，太极拳通过长期缓慢轻柔、细致入微的拳架练习和经年累月、反复不停的粘连黏随、不丢不顶的推手实践，主要是从知己知彼的层面和舍己从人的高度锻炼自身末梢神经，感知对方"动静之机"的灵敏度，在感知的同时，神形意气自然与对方阴阳相合。因此王培生老师所传的吴式太极八法，在体用上强调八方力圆中走，不凹不凸，不丢顶，一动即变劲，遇力即合助，一劲一卦象，一运一太极。处处强调天人合一，要求八法之劲，每一劲都要清楚其源于哪个穴位，对应哪个卦象，冲合哪一干支，出现哪种技击效果，有何健身作用。他认为，八法之劲，全在中正安舒、自然旋转的运动中顺势而生，进攻化解勿自伸屈，无自主张，不可用力，纯任自然，纯以意行，纯是循客观规律，合阴助阳，阴阳相合，于自然而然中求自然。没有独阳进攻或孤阴化解的现象。如同地球绕太阳之运转，公转、自转同时进行，两仪、四象、八卦自然而生，对这些自然现象只能顺势循规、利用，不能违逆、抗争、逞强，人和世间一切事物的运动规律都是与天同性的。为人处世是如此，健身抗暴亦无不同。

太极拳运劲的方法很多，大的原则都为完整和刚柔，只有完整才能产生巨大威力，只有刚柔相济才能无坚不摧。《拳论》说："乾坤刚柔，阴阳并用，不偏不倚，无过不及。"要实现完整和刚柔，一个核心要领就是要能松。

余功保

太极拳的整劲，是劲力系统完整性的体现，是太极劲中各种阴阳元素的高度协调。比如劲力的虚实、动静、前后等因素的和谐统一。其中的阴阳元素有一对不和谐，就不能形成真正的整劲。所以，要练好整劲，就要对劲力的各种阴阳要素有深入透彻的理解、把握。

太极拳整劲是各种阴阳要素高度协调统一的状态　田秋信演示

李秉慈

太极拳的劲要完整，就要注意劲的运用当中的松紧问题，松中有紧，紧中有松。你千万注意别到半路才使劲，那样全身的劲就聚集不起来。你手劈下去，不能始终是紧绷绷的，要会放松，松着往前，真正放松了才能真正紧起来，这个松紧是有奥妙的，要注意体会。太极拳中说的"美人手"，就是这个意思。比如说一个展臂立掌撑劈的动作，它是属于阳刚劲的，向下劈，肌肉要保持一定的紧张，劈下来，肩要松下来，它是往下沉的，通过松把劲贯到整个手臂。这些东西是要慢慢练、慢慢体会的，你别完全看外形，更要认识它的内里。

李秉慈太极拳势

冯志强

太极劲和其他武术的劲是不同的。一些武术拳种讲究力量，讲究刚猛，太极拳的劲讲究"松柔圆活"。做到了松柔圆活，才算真正掌握了太极劲。松在外形上就是关节、肌肉、肌腱、筋膜等组织不僵滞，是静止状态下的不僵滞，松离不开柔。柔就是不硬、不顶，柔也是松，是运动状态下的不僵滞。二者合言之，就是无论静止或运动中，都要保持不僵硬、不僵滞的状态。从人体运动形式看，只有弧形、圆形的运动符合这样的状态。所以又可以说，松柔就是周身一家的混元圈运动，混元圈就是旋转。在旋转中仍然要保持松柔运动，这就是圆活。因为周身十八个小球同时做混元运动时，身体某一部位不达到松柔，就会出现外形、气血、内气、内劲的运动阻滞现象，这就达不到圆活。圆活首先要"圆"，指的是外形和内气在体内弧形或圆形的旋转运动，"活"是指周身十八个小球做混元运动时与内气的配合不能有僵滞、不顺的地方，这就是松柔与圆活的涵义。能做到松柔就能在推手中达到"引进落空合即出"的效果。松柔劲是"粘连黏随不丢顶"的劲，松和柔是一致的，光柔不松气易滞，光松不柔无混元，松柔一体出圆活，松柔圆活是混元。

松柔一体见圆活　冯志强演示

在古代拳论中有许多关于内劲的论述，正确理解并把握这些拳论的核心，是掌握太极拳内劲的一个重要途径。

郝宏伟

古代拳论中论劲的时候讲"足欲向前先后错"，"错"是什么？就是两胯相错，也用腰，还用膝。练拳要用腰胯劲。这个胯退多少，这个胯就要进多少。这就叫"错","错胯"比"坐胯"、比实腿转得快,虚实转化也快。你收不收胯,那就意味着气沉不沉丹田。太极拳劲讲"力从地借",就是要会从地上借劲。太极用手手非手,不是用手,是那一条直线,就是节节贯通的一条直线,这一条直线是要打到对方的正中。通透不通透,就是我们讲的中正,就是你的劲能不能透过这个中介传到手上去,直线的传递,而且这一种直线不能有凸凹处。

太极用手手非手　郝宏伟演示

比如说"搂膝拗步",现在很多人在打"搂膝拗步"这个势子的时候,就是连搂带推。我们不这样,我们搂就是搂,推就是推,这就叫"二力不争"。两力不相争,你搂就是搂,打就是打,你不要二力相争,二力相争劲就会散,你打的是散劲,威力就不大。"二力不争"才是整劲,我们在搂的过程中,就会借地下这个力量,我们一借这个力量以后,冲上去,这个手并没有动,而是靠地下借的这个力量打上去,这就是劲的贯穿,一直贯穿上去,打到对方。

所以说我们打完这个力了以后,马上松沉下去,然后再借地下力再打上去,然后再松沉下去再打,所谓的劲的"松沉"就是这样。"力从地借",《拳论》里面说"涌泉无力腰不主,力学垂死终无补",这里面讲得很透彻。"掤"劲就是起了一个贯穿的作用,节节贯穿,走底下然后打到那个通透劲。能不能通到上面去，是这样的向上生长的一个阶段，只有通上去了，这个力你才算借到，如果借不到这个力，你的手上、胳膊上，你的整个身体上就没有力。

搂膝拗步　郝宏伟演示

力从地借　郝宏伟演示

太极拳有明劲、暗劲之分，明劲从外形即可看出，暗劲则由身体感知才能体会。把握暗劲的关键就是学会听劲，听劲是太极拳劲力训练中十分重要的一个环节。有的拳家认为听劲水平的高低，直接决定了太极拳技击能力的强弱，它是发劲应对的前提。

吴忍堂

听劲，实际上是感触这个劲的功力，如果你不贴身不贴手，根本听不到东西，就像我在墙这边你在墙那边，你能听出来吗？所以"听"包括了几种含义，首先是耳听，还有思想的反应和手感触、体感触的一种效应。

祝大彤

听劲是太极运劲的基础。要深研太极拳艺，以用于推手、技击，听劲是最好的学练内功的手段。

"听劲"的"听"字，不能从字面理解为用耳听，而是手的末梢神经在与对方接触时，感觉其劲力的大小、方向等，故称听劲。久练太极拳，手上的触觉异常敏锐，能感觉到对方肢体的劲力的来路去向，这就是太极拳家的听劲功夫。

祝大彤演示听劲功夫

《太极拳论》云："由着熟而渐悟懂劲，由懂劲而阶及神明。"如果将太极拳分为三乘功夫，"着熟"为初乘，"懂劲"为中乘，"神明"为上乘。修炼太极拳到中乘功夫，也就到达听劲的境界，即懂劲之后自然懂得听劲。悟性好的人，练拳不久也可具备听劲功夫。有了听劲功夫，则可深研太极拳，一般不会再走弯路。当然，这种听劲感觉到的劲也不是常人理解的劲或力。

那么，听劲"听"到的是什么劲呢？"听劲"是太极拳中的术语。其实，听劲时既不用劲，也不用力。当双方肢体相接时，修养高深的太极拳家，在接触点不着劲力。相反，太极拳初学者手上及接触部位充满劲和力，还须深研太极拳内功。

修炼到中乘功夫阶段的拳友，经常要练推手，在双方推手中熟练掤、捋、挤、按、采、挒、肘、靠，即四正四隅八法，还有左顾、右盼、前进、后退、中定等入门五步十三势的功夫。从练中退去身上本力，使手上松空，提高触觉神经的敏锐性，从而向高境界修炼。

祝大彤太极拳势

　　听劲在太极拳修炼中有什么益处呢？听劲是提高拳艺十分重要的修炼方法。在练拳中，要在老师的手上听劲，感觉老师的手上如何松空，这便是听劲——只有手放松才能敏锐感知对方的劲。李亦畬宗师在拳经中说："能从人，手上便有分寸。"只有"听"懂明师的劲之后，方能明白什么是手上的"分寸"，再读陈鑫大师的"妙手空空"之语，便可心领神会，不会再云里雾里。

　　谈到太极拳修炼，我是十分幸运的。我年轻时，北京的吴图南、杨禹廷、汪永泉三位太极大师都在拳场以及各公共场所授拳，笔者经常见到他们，能去练习听劲，心中乐不可支。可见，听劲是一种令人愉快的学习。太极拳的每个动作都有深刻的内涵，所以要花很长的时间去潜心研修。太极拳"其根在脚"，往上的踝、膝、胯、腰、肩、肘、腕、手等九大关节放松下来不是易事，是很难求的拳艺。在学练中，要走近路，最好的方法是听老师的劲，练胯听老师的胯，练腰听老师的腰，当然，不是听几次劲就可以明白的。我获老师首肯，进杨禹廷大师家中学拳，能明白太极拳，也是得益于听劲。老恩师让我从脚到顶，从下到上，从上往下，前后左右，几乎是一寸一寸地听劲，感觉他身上的阴阳变化，我忽而被拿起时脏腑似将倾倒出来，忽而被发放时吓得灵魂出窍。听吴图南大师的劲，拿放在一个点上，不管用力不用力，摸上便被发打出去。汪永泉大师不喜打人，不管他或走或立，我无论摸哪个部位，脚下便没有了根基，飘飘欲起，六神无主，只有等待发落。在听劲练习中你能真正了解太极内功，了解太极内劲的规律。

太极拳在套路练习和实战技击中有许多招法的运用，但空洞的各招法却没有显著的效果，招法必须结合内劲的运作，即将内劲贯穿于招法之中，招法才有活力。

吴忍堂

劲力和招法，必须统一。太极拳的内劲，实际上它包括了"劲""气""意"，是这三者的合合交融，这就是练丹田内劲的一个功法，如果没有这个劲力，就产生不出效应，招法就是虚的。太极拳打的是"哼哈"二字，"哼哈"是什么？"哼哈"就是赵堡拳里边讲的力的弹发效应。招法是死的，是机械、呆板的做法，只有将招法和劲力有机结合，才能产生以变应变的适应能力。它两个是相辅相成的，但是劲力来讲比招法还显得更为重要。

田秋信

要能有效地将劲力运用到招法当中，最重要的一点是要弄明白太极的劲路。这涉及到太极劲的运用方式方法。

吴忍堂太极拳势

打通劲路才能使太极功夫得到充分发挥　田秋信演示

力是劲的基础，劲是力的升华。劲属于力的范畴。从武术来说不同的劲别，主动与被动各自有度乃取胜之本，用力失度乃败之因。任何形都不能代表劲，劲却可充实于形内，没有实质内容的表现形式可称之为空架子。劲属于力的范畴，是有意识的练习逐渐形成和加强使之升华为本能和下意识。这要有明白老师的科学指导和自身的刻苦练习不断长进的过程。

劲路是主线，是劲的运行路线。要牢牢抓住这条主线。劲路是纲，纲举目张，收放自如，劲路打通后其他各种不同技术特点才能得以实现。没有劲路这个根本，任何所谓技术特点都难以实现。因此，应着力注意这一根本性的技术要求。看一个人的练习水平，劲路是标志性的，因此打通了劲路，便能使各种技术要求得到充分发挥。如果劲路不通，说打好太极拳就是一句空话。前人的宝贵经验要继承，在继承的基础上发展，太极拳才有生命力。

太极拳的内劲，其奥妙在于一个"内"字。要增强内劲，必须要练好内功，与内气相结合，将先天之本与后天之功有机融合在一起。

翟维传

现在太极拳讲究用意不用力，是不用拙力。太极拳不讲"力"的概念，力在太极里头就是"内劲"。内劲是通过锻炼修炼出来的，存在在丹田，修炼出来内劲，那不叫力，那叫劲。力可以没有，内劲必须得有。功力越好，内劲越充沛。

比如说单鞭，从命门往前练功，练到单鞭，单鞭通了，腰劲大得很，腰里有劲了，再一松沉，沉到底，就会很稳，下盘很稳定，上头才能转换灵活。要不然你下面还扎不住桩，对方来一个劲，你上边就没法应对，没法比划，就无法制人。

翟维传演示太极拳单鞭势

劲与力的区别在于力是单纯的力点和方向，劲则是复合型的力的合成，充满了变化。其中还包含有精神一面的作用。因此完整理解太极拳的内劲，并有效地加以运用，是一门精深的学问。当然其中也有许多关窍。

张耀忠

我曾经打过20年太极拳，开始的时候不懂什么太极劲，套路学了很多，老套路、新套路、长套路、短套路、快套路、慢套路、单人练的、两人对打的，这都是空架子，跟人一搭手，手上没有东西，人家一扒拉就走掉了。我说我这个人块儿也不小，脑子也不笨，为什么我就不行？主要就是没有掌握这个太极劲。

太极名家张耀忠

练太极劲是有窍门的，过去不轻易告诉人，有的人也不太懂。人家没有告诉你，你怎么练都不行。我告诉你窍门，你当场试验就行，懂了就会豁然开朗，立竿见影，以后再打拳跟以前打得就不一样了。

太极劲算起来有25种劲，常用的是八种劲："掤、捋、挤、按，采、挒、肘、靠"。"掤、挤、肘、靠"是进攻的，"捋、按、采、挒"是化解的。"捋"是破"掤"的，"按"是破"挤"的，"采"是破"肘"的，"挒"是破"靠"

的。"捋"还有上捋、下捋、横捋手。但这里面主要的是"掤劲","掤劲"贯穿在太极拳的始终,也贯穿在八法当中,每个动作都有掤劲。

太极拳掤劲很关键　张全亮演示

这个掤劲是个什么劲呢？有人说掤劲如水,既能载舟也能覆舟。具体到咱们身上,具体到手背上,就具有六面性,我这手伸出去,碰到我哪一面都有掤劲,你碰到上面也有,你碰到下面也有,碰到外面也有,碰到里面也有,上下前后左右六面都有。就是你伸手有东西,才能威胁对方。

这个劲怎么样找？一般我们都是打拳里面一招一式地找出来。当然需要有师傅指点了,苦练三年不如名师一点,没有师傅指点你打一辈子拳也不一定能找着。

我这里可以告诉大家一些共性的东西,告诉你最省心、最省力的窍门,让你能把太极劲练出来。什么窍门？就是反向思维,把你的思想转变一下,来个180°的转弯。太极拳是练反常的,太极拳要学习的东西是超过一般常识范围以外的东西。老子说:"反者道之动,弱者道之用,无为而无所不为。"要体会动作意念上的"反动",深刻理解"物极必反"的道理。

太极拳体现"反者道之动"的道理　周世勤演示太极剑

我举一个简单的例子，看你能不能进入这个思想轨道了。比如平常年轻人喜欢掰手腕，都是在手上使劲、较劲。太极拳跟这恰恰相反，和人家握上右手以后，握上就握上了，不想它了，他是想这只左手，空着的这只手，想空着的这只手，悄悄地、秘密地那只无形的手在握手。结果这只手就产生对方掰不动的力劲了，想左手，作用到右手，实际上是作用到全身，全身的整劲作用到右手，不单纯是一只右手的事情。你们可以试一试，看是不是这么回事，这就是反向思维。

张耀忠讲解金鸡独立

太极拳是用哪只手不想哪只手，如果你用哪只手想哪只手那叫双重。"每见数年纯功，不能运化者，双重之病未悟尔"。哪个地方掤上，就用哪个地方较劲，这根本不是太极拳，那是门外汉。你必须想着相反的方向。

太极拳在用脚的时候，你蹬右脚就不能想右脚，踢右腿就不能想右腿。蹬右脚要想左脚，左脚蹬地右脚踢，右脚蹬地你左脚踢，意念都是反向的。金鸡独立要提膝顶裆，哪条腿提膝你就不要想哪条腿，想提膝就不行了，想左脚蹬地右膝提，右脚蹬地左膝提，这才能蹬出横劲来。

太极拳单鞭的掌钩关系　翁福麒演示

用右手你想左手，用左手你想右手，或者用右手想左脚，用左手想右脚，或者用右脚想左手。下脚蹬上手撑开手掌，脚在底下蹬，撑开的中指想无限远，想着后手。动哪只手不想哪只手，动哪只脚不想哪只脚，用哪只手不想哪只手，用哪只脚不想哪只脚，全是反的。

"拳、掌、钩、脚"是太极拳的几大方法，往往综合应用，都要互相配合。比如"钩"，分左钩、右钩、双钩，用钩的时候想另外一只手的掌，用掌的时候想另外一只手的钩。左手钩右手掌的时候，你看着前面的掌，你想这后手钩，这前面掌就推人。用肘不想肘，想着找肩颈，或者后肘找前肘，但就是不想前面这个肘，就是跟平常人想的是相反的。所以，你要把这个思想给扭过来，扭转了，你就进入太极道、太极门了。这种思维方法用于任何一个太极拳势。

比如"闪通背"，前手推人，别想这只手，想后手打人，这叫空手打人。太极拳跟平常人想的都是反的。

太极拳势闪通背　刘伟演示

我看有人写文章，教练云手，说悟性高的三个月就有气感，半年就会怎样。其实，我告诉你方法，你马上就出功夫。

这云手走的是三道圈，"手脚圈、肘膝圈、肩胯圈"，三道圈中都有气的中心圈。"手脚圈"是这么走的，右手从下向上、向右走的时候，跟左脚的脚后跟相呼应、相照应。再继续向右弧形走，依次对应就是脚的外侧，脚的小趾趾甲盖，继续走就是脚的大趾趾甲盖，上面右手一翻手就走右脚的脚大趾、脚小趾、脚外侧、脚后跟。你只要这么一练、这么一走，你那手上就不是空的了，就有东西了。这是"手脚圈"，左右都是一样的。

"肘膝圈"，我下边的手摸左边的膝盖，左边膝盖躲我这个手，我要摸着右边的膝盖，右边的膝盖应接我这手。"肩胯

云手三道圈　王培生演示

圈",右肩找左胯,这边是左肩找右胯,这是"肩胯圈"。如果你要掌握了窍门,当时你就可以出功夫。

搂膝拗步　张全亮演示　　　　　　　　野马分鬃　张全亮演示

三道气的中心圈,就是大圈里边有气圈。比如搂膝拗步,也是着落脚步,先找胯再找膝后找脚,这也是三道。也可以这么走,手脚先走,手脚先呼应,然后手膝相和,肩胯相和,也是三道。再比如野马分鬃,手找肩,肩找手,肘开,手开。其中圈中都有气。

有人练拳站桩,有的站三年桩,有的站八年桩,有的参禅打坐,这都是练太极内功的方法。实际上太极拳是一步一个桩,什么桩呢？中定桩。比如抱七星,就是一个桩。你把动作调整到别人推你推不动的时候,这就是个桩了。每个动作,从头顶到脚这就是个桩,不管弓步也好,坐步也好,一步一个桩,就从打拳里边站桩。像我们练"抱七星",开始是左手在上,右手在下这么抱,站了一段时间后,左脚一扣,右脚一摆,又换成右手在上,左手在下,这架子摆了半天再倒过来,这就是桩。可以不断变化,如果人家来推你了,你能够应变才行,叫中定。中定不是不变,是能应变,说起脚踢就踢,说蹬就蹬,这就是太极桩的诀窍。

张耀忠讲解抱七星

桩的关键在哪儿呢？就在两个腰子，像我左腿是实腿，我左边那个腰子是轴，窗上有个轴，门上也有一个轴，荷叶那个轴，那就是中轴。你想怎么动都可以，站上这个桩勒住这个腰子，变化就灵活稳定了。所以，打拳跟站桩是一码事，打拳跟参禅打坐也是一码事，拳禅如一。为什么叫拳禅如一呢？我站这个桩，我就想一，不想二，又省心还能出功夫。这个窍门在什么地方呢？你就把意念搁在你实腿大腿后边正中央的一点儿，你搁到那，你就站稳了。

因为我想的就是一，所以我就省心了，我想了一以后，结果我这劲出来了，我也就省力了。省心省力的结果是什么？省的是精气神，养生养的就是精气神，这就实现了练拳的根本。你要不懂的话，你就会盲目地乱动，就会耗散精气神，就会打拳亏本。比如"搂膝拗步"，你的手推到一定程度的时候，如果你还往前推，完了，那叫自己害自己，那叫贪功，叫伤气。重心到了，马上转到左手了，不能再想右手了，转移到左手以后，这个右手才能出功夫，这也不耗散自己的精气神，推了别人了也不耗散自己的精气神，不耗散自己的生命能源，这就叫养生。

所以，在练的时候想一，不想二，在一个时空点里面想一，不想二，很省心。得一则万事毕，以一变带万变，以不变应万变。就意念想一，每一个姿势意念就想一。

张耀忠与老师王培生

重心换到左腿以后就想左耳尖,练习拳架和推手都是一样。推手的时候你就把意念放在左耳勺上,左手是支撑点,不管我怎么进手你就想你左耳。太极拳中意念是一个感应点,也是一种结构,意念放对了,整个身体的劲力的结构就对了。

练拳意念要专一,道家叫"专一",佛家叫"不二"。"专一、不二"都是想"一",别的什么都不想。跟人家搭上手以后,有人当作没有人。

外因是通过内因起作用的,我只听着你的内因还不行,为什么不行呢?因为思想还没有真正安静,思想必须完全静下来,如入无人之地,思想安静得一点杂念都没有。人脑子里面有脑电波,分四个波段,一个波段是高度的兴奋,一个是深度睡眠,推都推不醒,一个是平常唠嗑、聊天,再一个就是睁着眼睡觉,白日做梦,叫α波段,就是老子说的"惚兮恍兮,其中有象"、"渺渺冥冥,其中有物",进入"恍恍惚惚、渺渺冥冥、糊糊模模"那个波段,手上才出功夫。如果你很机灵,但气很浮躁,那样是不行的,非得静下来不可,你得进入那个意境,我认为机灵鬼学不到东西。如果你是聪明人但像傻子,我就知道"一",第二我就不知道,那就行,这是大智若愚。练太极拳有两句话,不好听但好用,一句是"好人学残废",这个手不是我的,要能"舍",能"从人"。另一句是"活人学死人","死人"是什么意思呢?死人是对外界的干扰没有反应,我的手去是外界干扰,如果你一注意我去的时候,那不行,不管你来手不来手我都没有反应才行。我就想我的"一"才行,傻乎乎的,但进入了"空灵"境界。就像武术家万籁声所言,太极拳练到顶头愚才能成功,大智若愚,这是一种高智慧。

练太极进入渺渺冥冥、其中有物的境界　王培生演示

太极拳的步子，一定要一步到位。腿的前边、后边、左边、右边都有要求，你能做到一条就行了。像弓步，前面的要求，一般是鼻尖、膝盖尖、脚大趾尖上下垂直。你的膝盖尖向前，与你的脚趾甲盖齐，这是前边。后边，就是大腿后边，正中的一点，你守住那一点，手上就出东西了。外边，你的胯落到脚踝外侧，里面，从内踝往上抽，抽到大腿跟，到了腰里就行了。中间是摆出一个涌泉垂直，涌泉垂直以后这手上就有东西了。好比咱们这个手，大拇指很好使，食指也好使，中指也好使，小指也好使，唯独这个无名指不好使，没劲，但是你要百会跟涌泉垂直以后，无名指的劲就很大，你不能什么都想，你想一面就行了。

松胯静气　王培生演示

最简单的一条：松胯。松一下胯，手上就来了东西了。我们老师告诉这叫"佛坐莲台"，就好像我是一个佛，我的屁股坐在莲花台上一样，你想象你坐在莲花台上，那个手就来东西了，那一个小指就可以把人扒拉走了。

要深入理解"空手打人""后手打人"的奥妙，这是太极拳劲力的精髓所在。理解了、体会了这样的劲力运行方法，就掌握了太极劲力的奥秘。

经络在太极拳劲力、技击上也有很重要的作用。举个例子，上下两个穴位如何对应运用内劲。上面一个少泽穴，少泽穴在什么地方呢？手小指指甲的外侧，属于手太阳小肠经。下面一个至阴穴，至阴穴在什么地方呢？小脚趾趾甲盖的外侧，膀胱经的终点和跟肾经交点的地方，少泽这个地方是小肠经跟心经交结的地方。这两个地方很厉害，在练拳架和推手的时候，只要上下对应上，搭手，听劲，出劲，一气呵成。

推手的时候少泽对着至阴，连着一条无形的线，上面一对应，再跟对方一合，就一下子把人给掀起来了，就这么厉害。比如摆一个"野马分鬃"动作，左右手上下分开，把少泽、至阴连起来，野马分鬃的要旨是接打靠，少泽就靠人，产生靠劲，就这么厉害。如果你要跟人推手的话，一起手少泽就连上了，就把对方的劲给堵上了，他就发挥不出来。

张耀忠讲解太极拳与经络

再比如"抱七星"。

第一个要领是什么？就是意念，用意念来对应，想着把尾巴骨对着后脚跟，脚后跟起来找尾巴根。你按照这么个劲力结构摆好动作，对方只要一进手，你内劲自然产生，就将他弹出去了。不管他怎么进手、随便推你都能应付自如。因为这个意念调整使你形成了一个浑圆的内劲结构。就这么一点意念，好像尾巴骨跟脚后跟之间有一条像日光灯管一样，那一条光，就一个意念，就是引导内劲的神奇所在。

第二点，鼻子尖对准脚大趾尖，想脚大趾。外形不动，就用意念去想，不是让你动作，这是拿人的劲，和对方一搭手，鼻子尖和大脚趾尖一合，就把对方拿起来了。

第三点，再说一个发人的劲。仍然是外形不动，用意念来走，后手要找前脚，这是发人的。就是空着的这只手，想要找前面那个脚去，只要一合上，就把我人掀起来了，这是发人的。

还有几种发人的，你想着，你这个大指肚摸一下你这个鼻子尖，劲就出去了。另外一种，你想着前手掌心里面拿着个苹果给我吃，往外一送，我就出去了。

张耀忠进行太极内劲讲座

张耀忠太极拳著作

告诉大家两句口诀："先想前脚后想后脚，然后默念后脚后脚。"一搭手就是这个状态，运劲当中要仔细体会其中的奥妙，做到了，你的功夫就出来了。

　　你打拳的时候，无非是两腿来回倒腾，就像内丹口诀中说的："葫芦桥葫芦桥，两个葫芦来回倒，葫芦里边有金丹，夫子长生永不老，也不大也不小，天地乾坤都装了。"我这腿就是两个葫芦，是头朝下倒过来的，脚丫子就是葫芦把，那小腿就是葫芦上面比较细的那部分，大腿就是葫芦大的那一部分。就这两个葫芦来回倒。倒的时候你不要着急，你默念，先想前脚后想后脚，肯定手上就有了。转化的时候，再想"前脚后脚，后脚后脚。后脚前脚，前脚前脚"，这时候我肯定你这手上有东西。

　　练拳这一套拳你从头到尾就这么打，先想后脚，再想前脚，然后默念前脚前脚，这手上来了。蹬脚怎么办？"先想实脚后想虚脚，然后默念虚脚虚脚"，就是这么打。

　　这就是法，练拳不出功夫就是不得法，你掌握了这个法以后，你一下都掌握了，就豁然贯通了。像公园里边现在打太极拳的，掤、捋、挤、按，我也打了20年，就是不出功夫，后来我知道了，那我就出功夫了。这给了你一把钥匙，你就可以把太极拳的式子都打开。保证你手上有东西，得一万事毕。这样既能健身又能防身，一举两得。

太极拳器械的奥秘

同许多中国武术流派一样,太极拳也包括拳术和器械两大套路和练习方法,这些器械一方面丰富了太极拳的技术体系,另一方面拓展了太极拳技法的运用手段,也为广大群众的习练提供了多种选择内容。

太极拳最常见的器械包括剑、刀、大杆、枪、棍等。

剑是武术中最常见的器械,剑的轻灵洒脱正是最大程度地契合了太极拳的要领,通过剑的练习,能够把太极拳技术以另一种方式淋漓尽致地表现出来,在每一种太极拳流派中,无一例外都有剑术套路,它也是最为普及的太极拳器械种类。太极剑也是太极拳竞赛的重要竞技内容。

邱慧芳

太极剑的主要手形是剑指,剑指把中指和食指并拢,其余三指扣在一起,大拇指扣在无名指和小指的第一指节,这个剑指是我们在整个练习太极剑当中的主要手形动作。

太极剑指　邱慧芳演示

太极剑一共有三种握剑方法。一种是立握,注意手指要紧紧握住剑柄,剑立起来是一种方法;还有一种是反握,反握剑的时候注意,其余四指紧扣住剑柄,而食指微微地放在剑盘上，不用太用力量，前臂轻轻反过来，朝外旋；还有一种握剑是平握，手心朝上。

反握剑　邱慧芳演示

立握剑　邱慧芳演示

平握剑　邱慧芳演示

我们在练习太极剑的时候，剑指起到了一个非常重要的作用。我们在做一些动作的时候，说拦剑，那么剑指在它的头顶上方是一个辅助的作用。有时候眼睛是要随着剑指来回运动的。所以说我们在练习的时候，主手是太极剑，握剑的手，那么副手就是这个剑指，主副是互相呼应的。

太极剑左右手要互相呼应　孔祥东演示

太极剑中有几种主要的剑法，掌握了它们才能不断变换组合，衍生出丰富的剑招来。

点剑，我们先把剑立起来，立腕，然后轻轻手腕向下沉，剑尖向下打，点剑，力达剑尖上。

刺剑：用剑向前刺出。平刺剑，往前刺出剑的时候，剑与胸平，眼睛目视剑尖，力达剑尖。还有一种是上刺剑，向上微微斜刺，剑尖略高一点，为上刺剑，力量在剑尖上。第三种刺剑是向下，为下刺剑，眼睛还要随着剑走，力达剑尖。不管是平刺剑、上刺剑还是下刺剑，大家要记住，剑在刺的时候不要走弧

点剑　孔祥东演示

形，一定要直着出去，往上也要直着出去，往下也要直着出去，力气达剑尖。

上刺剑　邱慧芳演示　　　　　　　平刺剑　邱慧芳演示

下刺剑　李蓉演示

扫剑：以剑向左右挥摆，扫剑的幅度一定要大，随着腰身转动，剑与臂呈直线。在扫剑的过程当中一定要做到大于90°。

扫剑 孔祥东演示

带剑 邱慧芳演示

带剑：带剑的时候，要屈臂回带，以身带剑，有回抽的动作。

大家要记住，扫剑跟带剑都是来回摆动的剑法，它有一点区别，扫剑是大幅度地随着腰身来回摆动，手臂要微微伸直一点，带剑的时候，虽然也是来回摆动，但是要往回稍带，在自己的前身的时候要稍稍往回带一点。屈臂回带，带剑要稍稍小于90°，而扫剑要大于90°。

劈剑：做劈剑的时候一定要记住，手臂要立起来，尤其是前臂要抬起来，非常有力量地向下劈出，剑一定要平着劈出，不要手腕很松，一定要手臂直着下去，力达剑尖，目视前方。

截剑：截剑是向下截剑，在传统的杨式太极剑里头，截剑传统的说法叫"拨草寻蛇"。下截剑，注意剑的力量是在剑刃上。

劈剑 邱慧芳演示

截剑　孔祥东演示

捧剑：捧剑是两手向外分开，然后一起向里捧起来，像捧一个东西一样，捧到自己的胸前。注意左手的剑指是放在右手的剑腕上，手心放到它的手背上。

捧剑　邱慧芳演示

撩剑：撩剑是太极剑当中比较常见的一种剑法，大家在练习撩剑的时候一定要记住，撩剑是从下往上这样撩剑，手心要稍微向外旋一点，撩起来。反撩剑，也是从上往下再往上，撩起来。做这个撩剑的时候要记住，剑一定要贴着你的身体，贴着身体走，成一个立圆，千万不要两边来回晃动。我们在做撩剑动作的时候，它有一些弓步的撩剑，进步，或者是退步的撩剑。注意在做撩剑的时候，要注意身法的带动，注意腰部的向前，剑随着腰走，随身走，眼睛是跟着剑来走的。所以大家在做撩剑的时候要注意，不光要做到剑是圆的，身体的转动也要随着剑非常协调地移动。

撩剑　邱慧芳演示

拦剑：拦剑做出去动作的定势跟截剑稍微有一些相似，但是截剑是平着推出去，而拦剑是要划一个大弧线，从身体的下侧往上拦起，一边托一边拦。做到位置的时候，手腕与头同高，剑尖微向下斜，力达剑身。拦剑分左右拦剑。

拦剑　邱慧芳演示

挂剑：做挂剑的时候是剑尖朝下，贴着身体由下往上，做左挂剑，还有右挂剑。记住，做挂剑的时候，跟撩剑一样，腰要随着动作来回走动，剑身要挂立圆，贴着身体走。

挂剑　牛春明演示

抹剑　孔祥东演示

抹剑：抹剑的幅度要更小一点，在胸腹之间移动。

扫剑、带剑和抹剑在动作过程当中稍稍有一点相似，所以大家一定要区分开来。扫剑的幅度更大一点，腰的幅度摆动比带剑的幅度稍小一点，屈臂往回带；抹剑的时候是稍稍划一个弧形，以腰为轴带回来。

太极刀是太极拳的另一种主要器械，刀如猛虎，这种刚与太极拳的柔相结合，其内在的劲力迸发更加沉雄与酣畅。太极刀又分短刀和大刀，太极短刀猛烈中蕴含灵巧，太极大刀气势磅礴，劲力顺达，练之有重若崩云、动若江河之感。

田秋信

陈式太极刀本身就叫"十三刀"，有十三个特点，它有不同的表现方式。比如闪、劈、剁、崩、转，劈有正劈有反劈、抡劈，有几十种劈法，大小不同。但是不管它有任何特点，都有它的表现形式，如果错一点那就不是纯的一种做法了。因此我们在练的时候，要严格认真地要求自己到位，你不到位，就很难保持原来的风貌。

闪：本身就是一种身法的闪，看对方的来刀，我得闪才能进，没有闪就没有进。闪是进攻与防守之间必须要的东西，我闪我才有可能进攻。例如砍，我斩，翻身砍，翻身再砍，这时候需要坐腕，用刀刃砍，所以砍需要我们从上至下，然后完全平衡，这叫砍。

陈式太极刀 田秋信演示

太极刀身法之闪 田秋信演示

劈：劈本身不是横刀，而是从上至下抡劈，例如"金鸡独立"，这就是劈。

太极刀法之劈　田秋信演示

剁：有好多名词它是接近的、互相含有的、不能完全分开的。剁本身和劈和砍非常接近，剁本身有用刀首剁，也可以抢剁、反抢剁。

太极刀法之剁　田秋信演示

崩：从身体中枢向外，这就是一种崩法。比如剑里边也有一个，像"金鸡独立"，刀里头也是走一个崩。例如说上势立刀，都属于崩法。

拦截：例如我们走起扫拦，扫也可以使用拦法。拦要平走平推，要身法跟进，刀和手基本固定不变，用身法推、截、拦。

太极刀法之崩　田秋信演示

太极刀法之拦　田秋信演示

撩：撩是从下往上，有后撩、有前撩，都属于撩，由下向上走的是刀刃。

扎：本身是用刀的尖部。刀有刀彩、刀首、刀柄、后手盘、刀身、大背、小背、穴槽、刃、尖。刀扎主要是用刀尖，例如"夜叉探海"，下去，用刀的尖部往前，跨步，这就属于扎。特点是基本上双手和单手从微屈到直伸，力度从刀首一直到刀尖，它是一条线，这是扎。

太极刀法之撩　田秋信演示

太极刀法之扎　田秋信演示

大枪是太极拳的一种重要练功器械，可以有效地锻炼劲力。过去的大枪均有枪头，后来为了方便，有些拳家在练习中去掉了枪头，成为大杆，但在练习中还依然保留了一些枪法在内。抖大杆是很多传统太极拳家练功的必修课，通过抖大杆完整劲力、增强腰腿以及全身的协调性。

郝宏伟

练习太极拳和器械都要能松,这是太极拳最核心、最基本的要领。我父亲过去教我们练拳的基本功时,曾经让我们拿着哑铃练太极拳,这一举就不能放松,不能把这个劲松下来,一举就这样抬着,就这么打,不能歇一下,一直打到你的胳膊累得举不动为止。所以打完了以后,我们累得胳膊抬不起来时候,把哑铃放下,放下以后问累不累,累,好,再打一遍太极拳。那时候那胳膊就不想举,好,你打这个拳就是松,就是轻,我们是这样练出来的。这是我们过去一种特别的训练方式,现在我看没有这样练的。这样练我觉得对体会松是有独特效果的。你能体会什么叫轻,这是我们过去的练功方式。再一个就是抖大杆,我们从小就在那儿抖,练拳练了一段时间,把拳打会了以后才抖,十几岁你有那个力量了你才抖,一直那么抖下去,练内劲、通透劲。

太极大枪　陈龙骧演示

马伟焕

现在练抖杆子,第一,你的桩一定要能稳,第二,你的腰一定要松,还有要拔背,背一拔你的劲就顷刻出去。这样一抖,就很有效果,一定要这样做,这是很基本的。

太极大杆　陈正雷演示

郝宏伟

你不练太极大杆这个东西，你就不知道什么叫"力由脊发"。其中有桩功，也有动功。抖杆是有角度的，那个角度一定要起一个刹车作用，往前冲，你一出去，那个杆子往前带你，你一定要前弓后蹬，一定要把前面的劲扎到地下去。所以说你那个角度起一个刹车片的作用，脚下一定要稳，这对练太极拳下盘功夫长进很快。

棍是中国武术四大器械之一，在太极拳中，棍虽然不是最主要的器械，但也发挥着独特的作用。在一些太极拳流派如孙式太极拳中，棍的练习仍然是秘传绝技。棍的打击范围比较大，练习的灵活性也比较高，太极棍将棍术的八面出击特点与刚、柔、进、退融合一体，极具攻防价值。

太极棍　王海洲演示

太极球是太极拳的另一种锻炼器械，球为圆形，与太极拳走圆运化相契合。运球时多鼓荡丹田，以腰运劲，球绕周身，用来练习内劲内功，长期练习，可有效提高身体素质。

太极球　陈庆洲演示

作为练功的辅助工具，过去在一些拳家传承中还使用一些独特的器械练习方法，这类器械流传不广，只在嫡传弟子中教授。如陈式太极拳家田秀臣所传的"二棒子"就属于这类。

随着时代的发展，也产生了一些新的太极拳器械，新编了一些太极拳的器械套路，其中深受广大群众喜爱的一种太极新器械就是太极扇。扇子是具有浓郁中国文化韵味的日常用具，将其与太极拳的技法结合起来，就形成了风格独特的太极扇。太极扇具有形式优美、简便易学的特点，迅速在广大群众中普及开来。

陈式太极拳练功二棒子　田秋茂演示

太极扇

拳谚说，器械是手臂的延长，练好太极器械关键在于练好太极手。"太极手不见手，全身内外皆为手"，所以练习各类太极器械，必须把器械纳入与人体阴

太极拳器械的奥秘

阳统一协调的一个整体系统。器械的变化体现人体阴阳的变化,太极器械的练习也是建立在太极拳练习的基础上,拳功、拳架精纯,器械也就赋予太极韵味。同时还要掌握每种器械的主要特点,将其巧妙与太极拳式和劲力相结合,这样太极器械方可得上乘功夫。

田秋信

因为器械本身它就是肢体的延伸,你的拳打得好,那么延伸到你的器械上面,全都可以体现。不可以想象我只练剑练得好,拳打不好,这是不可能的。如果想练好器械,练好刀,首先你把拳打好,它的几大特点才能充分地体现在你的器械上。

太极器械

图书在版编目(CIP)数据

太极拳的奥秘 / 余功保编著. -北京：人民体育出版社，2014（2017.2.重印）
ISBN 978-7-5009-4642-7

Ⅰ.①太… Ⅱ.①余… Ⅲ.①太极拳-基本知识
Ⅳ.①G852.11

中国版本图书馆 CIP 数据核字（2014）第 058281 号

*

人民体育出版社出版发行
三河兴达印务有限公司印刷
新 华 书 店 经 销

*

787×1092　16 开本　16.5 印张　320 千字
2014 年 10 月第 1 版　2017 年 2 月第 2 次印刷
印数：5,001—8,000 册

*

ISBN 978-7-5009-4642-7
定价：35.00 元

社址：北京市东城区体育馆路 8 号（天坛公园东门）
电话：67151482（发行部）　　邮编：100061
传真：67151483　　　　　　　邮购：67118491
网址：www.sportspublish.com

（购买本社图书，如遇有缺损页可与发行部联系）